W0180544

Rüdiger Jope
Kleine Wolkenschieber

Rüdiger Jope

Kleine
Wolkenschieber

Alltagsglücksgeschichten

BRUNNEN
Verlag GmbH · Giessen

Die verwendeten Übersetzungen der Bibelzitate sind wie
folgt gekennzeichnet:

L – Lutherbibel in der revidierten Fassung von 1984
© 1985 Deutsche Bibelgesellschaft, Stuttgart.
Hfa – Hoffnung für alle®. Copyright 1983, 1996, 2002
by Biblica Inc.™.
Hrsg. von Fontis – Brunnen Basel.
EÜ – *Einheitsübersetzung der Heiligen Schrift*;
© 1980 Katholische Bibelanstalt, Stuttgart.

Auch als E-Book erhältlich:
ISBN 978-3-7655-7397-2

Die Deutsche Bibliothek – CIP-Einheitsaufnahme
Ein Titeldatensatz für diese Publikation ist bei
der Deutschen Bibliothek erhältlich.

© 2016 Brunnen Verlag Gießen
www.brunnen-verlag.de
Umschlagfoto: shutterstock
Umschlaggestaltung: Daniela Sprenger
Satz: DTP Brunnen
Druck: GGP Media GmbH, Pößneck
ISBN 978-3-7655-0927-8

In Dankbarkeit
meiner Mitläuferin und Windschattengeberin
für 25 Jahre gemeinsames
Kämpfen, Fallen, Aufstehen und Lieben.

Inhalt

Im Gelben Trikot! Fast.
(Ein Vorwort)

Südfrankreich. Grillen zirpen. Mittagshitze. Die Sonne hat den Asphalt aufgeweicht. Der Teamchef steuert den Mannschaftswagen in halsbrecherischer Fahrt die Serpentinen hinunter. Ein Motorradfahrer signalisiert uns: 6,43 Minuten Vorsprung vor dem Hauptfeld. Ich lehne mich aus dem Fenster und feuere unseren Fahrer auf seinem Rennrad an. Nur noch fünfzehn Kilometer bis ins Ziel. Das Gelbe Trikot gehört eigentlich schon uns.

Ich schlüpfe wieder ins Auto und angle mir vom Rücksitz die nächste Wasserflasche für unseren Spitzenfahrer. In diesem Moment tritt der Boss auf die Bremse. Erschrocken schaue ich nach vorn und sehe, wie unser Mann im virtuellen Gelben Trikot hinter einem Busch neben der Straße verschwindet. Knirschend kommt das Auto zum Stehen.

Ich sprinte zwanzig Meter die Straße hinauf. Da entdecke ich das Fahrrad. Auf allen vieren krabble ich den Hang hinunter und bugsiere es mit Feuereifer auf die Straße. Ich lege die Kette wieder auf. Überprüfe Vorder- und Hinterrad.

Super. Keine Arbeit für den Mechaniker. Jetzt kann es weitergehen. Ach ja, wo ist bloß der Fahrer? Der kriecht noch den Hang hinauf. Ich feuere ihn an, erkläre ihm, dass alles okay ist und er sicher noch 5 ½ Minuten Vorsprung habe. Ich helfe ihm aufs Rad, reiche ihm die Trinkflasche und schiebe ihn an. Doch fünfzig Meter weiter landet er erneut im Graben. Im Feuereifer des Rennens hatte ich ganz vergessen mich nach dem Befinden des Fahrers zu erkundigen. Mit einem gebrochenen Oberschenkel und einer Gehirnerschütterung ließ sich keine Etappe mehr gewinnen und kein Gelbes Trikot holen.

So ist das Leben. Da haben wir Fahrt aufgenommen. Da sind wir unterwegs in den Serpentinen des Lebens, es rollt gut, ein frischer Wind weht uns um die Nase, der blaue Himmel beflügelt, wir träumen von der abendlichen Abkühlung im Mittelmeer und einem guten Glas Rotwein. Und dann verfahren wir uns. Wir schießen übers Ziel hinaus. Kommen ins Schleudern auf Kieselsteinen. Ein Nagel lässt die Luft entweichen. Wir legen eine unsanfte Bruchlandung hin und finden uns plötzlich dort wieder, wo wir eigentlich nie hinwollten.

Das Leben ist keine Aneinanderreihung von

Siegesfahrten, Triumphen und Höhepunkten. Wie sagte schon der erste Etappenfahrer David in Psalm 23,4: „Und ob ich schon radelte im finsteren Tal …" Ja, es gibt sie, die Tiefen, die Mutlosigkeiten, die Durststrecken, die Verletzungen, die unsanften Abstiege. Doch gerade darin gilt es, den Humor, die Freude, den Blick für das Schöne nicht zu verlieren.

Genau zu diesem Zweck sind die Geschichten in diesem kleinen Buch geschrieben. *Wolkenschieber* blendet die schmerzhaften Seiten des Lebens nicht aus, blickt aber nach vorn, will aufzeigen, dass gerade in den kleinen unscheinbaren Randbegegnungen und Randerfahrungen des Lebens sich Glaube, Liebe und Hoffnung entdecken lassen. *Wolkenschieber* will ermutigen, nach den Unfällen und Stürzen wieder aufzustehen und weiterzumachen.

Der leider viel zu früh verstorbene Theologe Mike Yaconelli bringt es auf den Punkt. Er schreibt: „Es kommt im Leben nicht so sehr auf die Siege an, sondern vielmehr darauf, wie man nach den Niederlagen weitermacht." In diesem Sinne wollen die kleinen Alltagsbeobachtungen in diesem Buch zum Sein und Werden einladen und daran erinnern: Gott ist in den Auf- und Abstiegen des Lebens dabei. Er ist gegenwärtig im blauen Himmel und im tosenden Sturm. Er hält Sie und mich (auch in unserem Übereifer und noch unreifen Menschsein) in der Hand. Er ist und bleibt der gute Hirte, Trainer, Papa, Lebensermöglicher und Wegbegleiter (Psalm 23,1).

Rüdiger Jope

Schere im Kopf

Der Temperaturanzeiger des Autos warnt: 4 Grad. Die Scheibenwischer rutschen mit dem Nieselregen um die Wette. Ich bin mit Anna unterwegs zur Kreismeisterschaft im Cross- und Waldlaufen. Seit vier Wochen besucht sie das Leichtathletiktraining. Es ist ihr erstes Rennen. Die junge Trainerin läuft mit ihr die 1150 Meter lange Strecke ab. Ich denke: Ist das nicht zu viel? Da ist Anna doch schon vor dem Rennen k.o.

Nach ein paar Aufwärmsprints steht meine Neunjährige in Schlabberhose, Weihnachtsmusical-T-Shirt, abgetragenen Turnschuhen einer Freundin und Wollmütze mit acht anderen Mädels am Start. Die meisten überragen sie um mindestens eine halbe Kopflänge. Das Mädchen ganz links außen wird offensichtlich von ihrem Trainer noch mit taktischen Anweisungen versorgt. In modischen Nikeschuhen, sportlicher Funktionswäsche und mit Profi-Stirnband blickt sie konzentriert vor sich hin. Anna strahlt und winkt mir zu. Ich bin stolz auf sie, doch hat sie die Ernsthaftigkeit des Laufes verstanden? Okay, denke ich: Dabei sein ist alles. Welcher Platz ist wohl für sie drin?

Die konzentrierte junge Dame ist für mich die Favoritin. Die Mädchen rechts und links neben Anna wirken auch sehr ambitioniert. Ankommen ist auch in Ordnung. Da kracht auch schon der Startschuss in den Regenhimmel. Die Nikeschuhe setzen sich an die Spitze. Anna läuft lächelnd als Fünfte an mir vorbei. Dann verschwinden die Läuferinnen über eine Rampe nach oben im Wald. Ich bete innerlich, dass Anna die Sache heil durchsteht und nicht gar zu weit abgehängt wird.

Nach knapp vier Minuten sehe und höre ich Zuschauer am oberen Höhenweg Beifall klatschen. Da taucht sie auf, die junge Dame, die Favoritin. Wenige Meter dahinter keucht das Mädchen, das rechts neben Anna stand. Und an ihren Fersen – hängt Anna! Unglaublich! Ich fange an zu schreien. Nochmals müssen sie ein Stück nach oben. Sie verschwinden hinter Büschen. Als ich die Mädels wieder sehe, liegt Anna an zweiter Position. Bis zum Ziel sind es noch zweihundert Meter den Berg hinunter. Jetzt nur nicht im Matsch stürzen. Mir stehen Tränen in den Augen. Wenn die hier Zweite wird. Und dann, unglaublich, setzt die Kleinste im Feld zum Überholen an. Sie übernimmt die Spitze. Die Favoritin beißt die Zähne zusammen und gibt alles. Anna schaut vorsichtig nach hinten. Sie tritt nochmals an und läuft mit zwanzig Meter Vorsprung ins Ziel. Fassungslos halte ich meine japsende, glückliche Kreismeisterin 2014 im Arm.

Mir dämmert es: Die Platzierungen des Lebens werden nicht im Kopf, sondern unterwegs im Matsch und an den Steilhängen gewonnen. Bei der Siegerehrung steht die entthronte Vorjahresmeisterin grimmig dreinblickend neben der strahlenden Anna auf dem zweiten Platz. Manchmal ist es gut, der Schere im Kopf nicht das letzte Wort zu überlassen oder eben dem Wort Jesu gegen allen Augenschein zuzutrauen: „Aber viele, die die Ersten sind, werden die Letzten und die Letzten werden die Ersten sein" (Matthäus 19,30).

Bethlehem im Ruhrgebiet

1. Januar. Strahlend blauer Himmel. Sonnenschein. Auf der Umgebungskarte picke ich einen Wanderweg raus, den wir noch nicht kennen. Eine Viertelstunde später spazieren wir in der Sonne. Traumhaft. Während wir Erwachsenen den Asphaltweg bevorzugen, räubern unsere Kinder durch das Unterholz. Unser Dreijähriger hat in seinen kleinen Händen einen besonderen Schatz: Einen abgefackelten Raketenstock, den er morgens überglücklich auf der Straße aufgegabelt hat. Er versucht mit seiner großen Schwester im Dickicht Schritt zu halten. Noch ganz beglückt vom vergangenen Weihnachtsfest plappert er vor sich hin: „Bin ich ein Hirte. Bin ich ein Hirte." Wir schauen uns grinsend an. Bald hören wir zwei „Hirten" die Lieder aus dem Weihnachtsmusical singen. Irgendwann frage ich spontan in den Wald hinein: „Und wo geht ihr hin?" Postwendend antwortet mir Joshua: „Gehen wir nach Bethlehem!"

Ingrid und ich prusten ob dieser kindlich-fröhlichen Naivität los. Nach etwa zwei Kilometern baut sich beidseits des Weges eine

Schreinerei auf. Ich laufe einige Meter vor, um zu schauen, ob wir den Hügel noch ganz hinuntergehen oder umdrehen. Die Straße mündet in einen kleinen Platz. Rechts daneben findet sich ein Buchenwäldchen. Unter einer dieser Buchen entdecke ich ihn. Unglaublich. Nach einem Moment Sprachlosigkeit rufe ich nach meinen Kindern.

Die kommen angelaufen. Sie strahlen übers ganze Gesicht. Wie aus einem Munde rufen Joshua und Anna: „Da ist der Stall von Bethlehem." In einer Krippe aus Holz liegt ein Jesus aus Holz. Davor knien Maria und Joseph. Die Heiligen Drei Könige sind ebenfalls anwesend. Ein Holzstern in einer Buche bescheint das berührende Szenario. Joshua flüstert: „Ich bin ein Hirte. Gehe nach Bethlehem." Zärtlich streichelt er dem hölzernen Jesus mit der einen Hand über den Kopf. Irgendwann öffnet sich auch die angerußte andere Hand. Sein Schatz, der Raketenstab, wird Jesus als Geschenk ins Stroh gesteckt.

Wir Eltern sind sprachlos und berührt. „Wir gehen nach Bethlehem!" Ja, unsere Kinder haben ihr Bethlehem gefunden. Ihnen war klar: Wir „Hirten" gehen und finden den Stall, finden Jesus, finden Gott. Die Neujahrslektion führte mir vor Augen: Wir brauchen im Leben immer wieder die kindlich naiven Aufbrüche, das vertrauensvolle Losgehen. Genau davon weiß Psalm 73,28 zu berichten. Dort heißt es: „Gott nahe zu sein ist mein Glück." Wie finden wir das Glück, die Nähe? Indem wir uns durchs alltägliche Dickicht schlagen und uns mit einem zaghaften Flüstern auf den Lippen aufmachen: „Bin ich ein Hirte!" Der Glauben meiner Kinder führte mir an diesem Neujahrsnachmittag eindrücklich vor Augen: Die Nähe Gottes erleben wir im Unterwegssein, im Aufbruch, im Wagnis. Bethlehem, der Stall, Jesus, die Hirten, Maria und Joseph können zur realen Erfahrung werden, wenn wir ein bisschen werden wie die Kinder.

Übrigens: Kaum haben wir den Rückweg angetreten, macht Joshua nach zehn Metern eine Kehrtwende. Er läuft zur Krippe zurück. Im Brustton der Überzeugung „Bin ich ein Hirte" schnappt er sich seinen Raketenstock. Erwachsen und vernünftig erklärt er: „Das Baby braucht doch noch keinen Stock."

Heiliger Moment

„Ziehen Sie bitte Ihre Schuhe aus. Dann können Sie sich dort aufs Bett legen", entgegnet mir
die diensthabende Schwester beim Betreten der
Entbindungsstation. Vollgestopft mit Adrenalin
leiste ich diesem Befehl Gehorsam. Seit knapp
dreiundzwanzig Minuten bin ich Papa von Joshua. Ich entledige mich des durchgeschwitzten T-Shirts und manövriere mich so gut wie
geräuschlos auf den mir zugewiesenen Platz.
Dann packt mir die Schwester ein kleines, fast
nacktes Bündel Mensch auf den Bauch. Mein
Sohn! Zeit und Raum verlieren sich. Ich halte
den Atem an. Kaum hat sich die Tür leise geschlossen, öffnen sich die Schleusen meiner Augen. Die Anspannung der vergangenen Stunden
entlädt sich in tränenreichen Sturzbächen.

Unter den Wehen begannen die Herztöne
dramatisch abzusacken. Plötzlich breitete sich
Hektik um uns herum aus. Eine eiligst herbei-
telefonierte Ärztin sah sich die Werte an und
machte uns unmissverständlich klar: Hier geht
es um Minuten. Eiligst wurde Ingrid für den
Notfallkaiserschnitt vorbereitet. Ich sprach unsere Not einer lieben Freundin aufs Band. Dann

rollte meine Frau an mir vorbei. Zeit für einen kurzen Händedruck, ein Flüstern: „Du schaffst das." Ein Kinderarzt bat mich, ihm zu folgen.

Ganz in Grün gekleidet stehe ich wenige Minuten später vor dem OP-Saal. Ich sehe Ärzte und Schwestern hantieren. Mein Puls ist bei 180. Geht das gut? Bekommen die das hin? Ist mit unserem Kind alles in Ordnung? Ich bete: „Herr, erbarme dich!" Flüstere Worte von Psalm 23 in mich hinein.

Dann ein Lebensschrei. Dem Kinderarzt wird ein zappelnder Wurm gereicht. Strahlend präsentiert er mir den kleinen Wicht. Meine Stimme versagt. Ich heule vor Glück und bekomme den Namen nicht mehr über die Lippen. Joshua Johannes! Ich streichle ihm über den Kopf, flüstere in sein Weinen hinein: Papa ist da!

Zehn Minuten später liegt er auf meinem Bauch. Neugierige Augen fixieren meine Augen. Feine Lippen probieren sich saugend an meinen Brustwarzen aus. Zarte Finger graben sich tastend, nach Halt suchend in meinen Oberkörper. Die anfängliche Unruhe verliert sich in den zwei Stunden. Ein tiefer Frieden breitet sich um uns herum aus. Ich inhaliere die fast unmerklichen Atemzüge. Geborgenheit pur. Die Zeit bleibt stehen. Mit Tränen in den Augen segne ich meinen Sohn. Ich danke Gott für dieses Wunder und den technischen Fortschritt, der dieses junge Leben rettete und mir um 12.16 Uhr einen atemberaubenden heiligen Moment voller Vaterglück bescherte.

Jetzt steht er als Vierjähriger auf einem Hocker am Waschbecken. Händewaschen in Zeitlupe. Dauerschnattern. Der halbe Seifenspender wird leer gepumpt. Die in die Luft gestreckten Finger signalisieren mir zum gefühlten hundertsten Mal an diesem Tag: „Bin ich bald fünf." Die Zahnpasta wird runtergeschluckt, die Bürste frisst sich zwischen den Backenzähnen fest. Schelmisch schaut er mich an.

Ich bin genervt. Die Trotzanfälle, sein Aufstehen um 5.50 Uhr, meine kalten Füße, die ich mir auf dem Spielplatz geholt habe, das Schmierentheater beim Essen, das Kinderzimmerchaos – das ganze Tageschaos zusammen macht sich in einem Aufschrei Luft. Eingeschnappt flitzt der kleine Kerl Richtung Nachtlager. Auf der Bettkante sitzend fängt er an, seine Schuhe auszuziehen. War da nicht was?

„… zieh deine Schuhe von deinen Füßen; denn der Ort, darauf du stehst, ist heiliges Land!" (2Mose 3,5). Unwillkürlich durchfährt es mich: Das Leben atmet etwas von dauernder Sklavenbefreiung, in die Mose berufen wird. Inmitten der Sprachlosigkeiten, der Bauchlandungen, der kraftlosen und zweifelnden Augenblicke sind die göttlichen „Schuhe-aus-Befehle" von Gott und Menschen die kraftspendenden Wegmarkierungen. Die heiligen Momente sind da, um die unheiligen Umstände des Alltages auszuhalten. Das steht mir vor Augen, als mich zwei kleine, durchaus unheilige Arme umfangen, wie um mir zuzuflüstern: „Ich liebe dich." Heiliger Moment.

Nachtkonzert für Kuscheltiere

Ich schrecke hoch. Auf dem Radiowecker ist es 1.48 Uhr. Was ist das? Ich lausche ins Dunkle. Weint Joshua? Wie in Zeitlupe schlage ich die Decke zurück. Ich komme auf der Bettkante zum Sitzen. Jetzt klingt es klar und deutlich an mein Ohr: „Da ist im Dunkeln ein helles Funkeln, da war ein Leuchten in der Nacht. Da war ein Singen, ein helles Klingen, das hat uns alle froh gemacht."

Unser Dreijähriger gibt für seine Kuscheltiere ein Konzert spät nach Mitternacht. Er singt sich das aus dem Herzen, was er tagsüber von seiner großen Schwester aufgeschnappt hat. Die Auftrittszeit ist für die Eltern gewöhnungsbedürftig. Und doch ringt mir dieses klare, selbstbewusste Stimmchen ein Lächeln ab. Joshua braucht Papa offensichtlich nicht. Er singt seinem Aufwachen, der Dunkelheit, die ihn umgibt, seinem Alleinsein eine Geborgenheit in Gott entgegen: „Da ist im Dunkeln ein helles Funkeln, da war ein Leuchten in der Nacht …"

Ich atme auf. Ein bisschen stolz auf diese kindliche Bewältigungsstrategie lasse ich mich staunend zurückfallen. Umfangen von den

23

warmen und weichen Daunen summe ich innerlich mit und hänge dem Gehörten nach.

Wie reagiere ich in den Nächten des Lebens? Was kommt mir über die Lippen, wenn es dunkel ist? Was singe ich den Einsamkeits- und Mitternachtserfahrungen entgegen, die mich aufwecken, ängstigen, bedrängen?

5.59 Uhr. Ich sitze im Bus. Aus dem Rucksack krame ich das Gesangbuch hervor. Vom Mitternachtskonzert angeregt, frische ich meine eiserne Ration mit Paul-Gerhard-Texten wieder auf. Für den Tag, der vor mir liegt, und die dunklen Nächte, die da kommen werden, summe und verinnerliche ich:

> *„Befiehl du deine Wege*
> *und was dein Herze kränkt*
> *der allertreusten Pflege*
> *des, der den Himmel lenkt.*
> *Der Wolken, Luft und Winden*
> *gibt Wege, Lauf und Bahn,*
> *der wird auch Wege finden,*
> *da dein Fuß gehen kann.“*

18.05 Uhr. Abendessen. Ich frage meinen Sohn schmunzelnd nach seinem Auftritt. Er verneint lachend das Konzert. Doch textsicher, wie in der Nacht vorher, setzt er zusammen mit seiner

Schwester ein: „Da ist im Dunkeln ein helles Funkeln ..."

Die gelernten Lebensrationen sitzen. Sie singen sich und tragen mich auch um 1.48 Uhr, 5.59 Uhr, 18.05 Uhr durch die Dunkelheiten des Lebens.

Glück im Abendwahnsinn

Lichter blinken. Die Kette springt vom großen Blatt. Ich schnaufe tief durch, ziehe mir mithilfe der Zähne meine Handschuhe aus und stopfe sie in die Seitentasche meines Rucksacks. Ich bin auf dem Rückweg von der Arbeit. Feierabend? Noch nicht ganz. Es gilt, sich einen zwei Kilometer langen Anstieg nach oben zu kämpfen. Fünfzehn Prozent Steigung wollen erobert werden. Ich biege schweißgebadet in unsere Straße ein.

Kaum ist der Schlüssel aus dem Rucksackfach gefingert und im Schloss herumgedreht, höre ich schon ein „Öh, öh, öh!" aus dem ersten Stock. Mein Sohn rüttelt am Treppengitter. Meine Tochter hat dieses bereits überklettert. Sie hüpft mir in die Arme, lässt einen Wortschwall ihrer Schul- und Nachmittagserlebnisse über mir abregnen und endet fragend: „Hast du mir was mitgebracht?" Ich entledige mich meiner Schuhe, wische mir den Schweiß aus dem Gesicht, manövriere das Fahrrad in den Keller. Keine drei Minuten später bin ich mittendrin im Feierabendwahnsinn.

Joshua kommt mir fröhlich glucksend auf

den Knien entgegengerutscht und hält mir seinen Bob-der-Baumeister-Schraubendreher entgegen. Ich lasse mich auf den Fußboden nieder und gemeinsam „reparieren" wir sein Rutschauto. Einen Wimpernschlag später bekomme ich ein Freundebuch unter die Nase gehalten. „Schau mal Papa, da hat Simone jetzt reingeschrieben. Kannst du mir das mal vorlesen?" Diese Ablenkung nutzt der Sohnemann, um die Kabel aus der Telefondose zu ziehen. „Nein, Joshua, nicht!" Ein kleines strampelndes Etwas wirft sich auf den Boden. „Der ist hungrig, und er hat heute nicht ausgeschlafen", wirft meine Frau dazwischen. Strahlend drückt sie mir einen Kuss auf die Lippen. „Kann ich noch Sandmann schauen?", fährt Anna dazwischen. Ich entwinde mich dem Getümmel, um mich umzuziehen.

Fünf Minuten später schnappe ich mir den Krabbler. Während ich versuche, ihm die Hände zu waschen, packt dieser genüsslich nach der Seife und zerdrückt sie mit seinen kleinen Händen nach allen Regeln der Kunst. Ich bugsiere ihn ins Stühlchen. „Nein, lass die Magnete an der Pinnwand!" „Vorsicht, der Becher!" Zu spät. Ein Wasserschwall schwappt über den Käse. Joshua patscht begeistert hinein. Anna stöhnt: „Ich hab Hunger! Gibt's heute Würstchen?" Auf die Verneinung folgt ein nörgelndes „Och Mann!", das aber im Geschrei von Sohnemann untergeht. „Gib Joshua ruhig schon mal die Flasche, ich mach dein Essen noch warm." „Wir haben doch noch gar nicht gebetet", wirft Anna ein. Ich beteilige mich am Tischrap mit einer Hand. Kaum ist das „Amen" verklungen, werde ich im Kommandoton aufgefordert, ein Brötchen aufzuschneiden und Apfelsaft einzuschenken. Joshua schiebt die Flasche weg. Er fingert nach den kleinen Brotstücken. „Nein, Joshua, nicht zerdrücken, sondern in den Mund stecken! Bravo!"

Zwanzig Minuten später: Das Gesicht des Einjährigen ist geschminkt mit Schmierwurst, Joghurt und Brotkrümeln. Er legt seinen Kopf an meine Schulter. Seine Haare atmen den Geruch von Butter. Plötzlich schlingt sich seine kleine fettige Hand um meinen Hals. Mit einem abgrundtiefen Seufzer flüstert er – und es ist das erste Mal, dass er das Wort spricht: „Papa! Papa! Papa!"

Gerührt atme ich durch. Das ist Kraftstoff für die nächste Steigung im Abendwahnsinn. Ich lege die „Kette" auf, um die Bande ins Bett zu bringen.

Männergesundheit

Kaum habe ich die Spülmaschine geöffnet, dringt ein Rumpeln und Quietschen an mein Ohr. Das Schnaufen pflanzt sich blitzartig vom Wohnzimmer über den Flur in die Küche fort. „Boeing!", macht es am Küchenschrank. Zwei Augen unter einem blonden Haarschopf strahlen mich an und signalisieren mir neugierig fragend: „Papa, brauchst du Hilfe beim Geschirrausräumen? Ich wäre dir bestimmt eine ganz große Hilfe!" Unwillkürlich muss ich lachen. Mein Sohn ist schnell. Er ist superschnell. Er kann zwar noch nicht laufen, doch dieses Manko ist für ihn kein Hindernis. Als Rennhilfe dient sein Rutschauto.

Wir hatten dieses Gefährt günstig bei einer Auktion ersteigert. Zugegeben: Der Lack war entweder ab oder von der Sonne verblichen. Ein paar Kratzer und die üblichen Dreckspuren von Kinderhänden machten es auch nicht attraktiver. Mit Schraubenzieher, Seife und Lappen brachte ich es wieder auf – nun, Hochglanz wäre etwas zu viel gesagt. Aber zumindest auf Glanz. Und es entwickelte sich zum Quotenrenner für unsere Tochter. Inzwischen misst sie sich beim Rennen auf eigenen Beinen mit ihrem Papa. „Wer ist schneller zu Hause?" Das Rutschauto wanderte weiter an Joshua.

Blubbernd steht er nun neben mir. Das Auto ruckelt unruhig. Es fordert einen Rennfahrer heraus. Mit seinen kleinen Händen klammert er sich fest an den roten Plastikbügel. Dieser gibt ihm Halt und Stand beim Boxenstopp, beim Erzielen von Rundenbestzeiten, bei technisch anspruchsvollen Unterquerungen des Wohnzimmertisches, beim rückwärts Ausparken. Ich staune über seine artistischen Choreografien, um im Gleichgewicht zu bleiben, belächle die leichte Schräglage beim Anschieben und Losrennen. Der Bügel des Autos gibt ihm Halt, hilft ihm beim Laufen und Vorwärtskommen.

Und Joshua schämt sich keineswegs dafür, dass er diese Geh- und Haltehilfe in Anspruch nimmt. Mit einer ansteckenden Begeisterung tourt er durch die erste Etage. Der kleine Mann ist sich nicht zu schade, sich helfen zu lassen, eine Stütze fürs Laufenlernen und Vorwärtskommen zu benutzen. Manchmal haut es meinen Sohn auch um, manchmal hakt er sich fest, dann gilt es, ihm aufzuhelfen, zu trösten, zu ermutigen und ihn wieder an den Schiebegriff zu stellen.

Und der große Mann? Wer hilft uns beim Gehenlernen auf den unübersichtlichen Strecken des Lebens? Woran können wir uns festhalten? Wer ist uns Halt und Griff? Wer hilft uns, das Gleichgewicht zu behalten? Joshuas kindlicher Eifer führt mir vor Augen: Auch wir „großen Männer" könnten gewinnen, wenn wir uns nicht scheuten, in Beruf, Familie und Glauben „Lauflernhilfen" in Anspruch zu nehmen, einander in Freundschaft Griff und Halt zu sein, einander aufzuhelfen und zu ermutigen. „Freundschaft ist das Immunsystem der Gesellschaft", schreibt Philipp Johner. Ein guter Tipp auch für die Männergesundheit.

Garfield aus zum Gebet

Seit vier Tagen quälte ihn ein grippaler Infekt. Das Mittagessen hatte sich auf dem „Rückweg" über den Küchenboden ergossen. Mit glasigen Augen und blassem Gesicht sitzt er nun neben seiner Schwester auf dem Sofa. Die beiden Kranken sehen Garfield bei einem Versuch zu: Wetten, dass du es nicht schaffst, eine Stunde ohne Essen auszukommen. Wie passend! Garfield schafft es mit Mühe und Not. Er futtert sich aber im Anschluss im Siegestaumel den Bauch so voll, dass der Arzt ihm einen ganzen Tag Fasten verordnet. Und so steht am Ende der „Freund" mit dem Eis freudig winkend vor dem Fenster. Garfield sieht von innen heulend zu und schreit: „Ich will auch Schokoladeneis!"

Von alldem bekommt Joshua nichts mehr mit. Er ist eingeschlafen. Während des Abendessens beschließen wir daher, unseren Patienten direkt vom Sofa ins Bett zu verfrachten. Doch kaum ist er auf den Arm gehoben, schimpft er leise: „Will was essen!" So sitzt er wenige Momente später auf seinem Stuhl. Leicht schwankend fordert er von dort aus: „Murst!" Da uns dies nach dem mittäglichen „Unfall" nicht wirklich passend erscheint, überreden wir ihn zu Maiswaffeln. Hungrig mampft er vier von den Dingern, bestrichen mit Honig, weg. Im Laufe der Mahlzeit beginnt er zu schwächeln. Uns Eltern ist klar: Das Kerlchen gehört auf dem schnellsten Weg ins Bett. Während ich die Küche aufräume, kümmert sich meine Frau ums Zähneputzen und ums Schlafanzuganziehen. Plötzlich höre ich aus dem Bad Geschrei, Tränen fließen. „Will noch Haus auf dem Fels!"

Unglaublich. Da fallen dem Dreijährigen förmlich die Augen zu, aber wenn man ihm das Vorlesen, Singen und Segnen abkürzen will, wird er ganz rappelig. So sitzen wir kurz darauf wie jeden Abend auf dem Sofa. Es wird eine Geschichte aus der Bibel vorgelesen. Papa kann es nicht lassen, ein paar Fehler in den Hausbau einzuflicken, die der Kranke empört verbessert. Dann wird gesungen. Kaum ist die Strophe mit „Weißt du, wie viel Fischlein spielen" verklungen, fordert Joshua die Fortsetzung ein. „Jetzt noch Kindlein singen." So singen wir auch noch die dritte Strophe. Er kuschelt seinen Kopf an meine Brust, lässt sich den Abendsegen zusprechen und singt anschließend leise mit: „Der Tag begann, der Tag vergeht ..."

Ich staune. Garfield war zum Einschlafen. Darauf konnte der Kleine verzichten. Für das gemeinsame Singen, das Hören der biblischen Geschichte, das Beten kämpfte unser Dreijähriger. Er, dem schier die Augen zufielen, wird zum Protestanten für den Segen nach dem Motto: Ohne Gottes persönlichen Zuspruch gehe ich nicht ins Bett. Er bekam seinen Segen. Und danach war es kein Problem, ihn ins Bett zu tragen. Kein Mucks kommt in dieser Nacht mehr aus seinem Zimmer.

Am nächsten Morgen schallt eine muntere, ausgeschlafene Stimme aus seinem Zimmer: „Mama muss kommen!" Papa kommt und blickt in ein strahlendes, fieberloses Gesicht. Wie hatten wir doch abends gesungen: „Weißt du, wie viel Kinder frühe stehn aus ihrem Bettlein auf. Dass sie ohne Sorg und Mühe fröhlich sind im Tageslauf. Gott im Himmel hat an allen seine Lust, sein Wohlgefallen. Kennt auch dich und hat dich lieb. Kennt auch dich und hat dich lieb." Bei Garfield fielen dem kleinen Kerl die Augen zu. Der konnte ihm in seiner Schwäche keinen Halt, keine Geborgenheit, keinen Frieden geben. Die Sehnsucht nach dem wirklichen Geliebtwerden von Gott machte ihn zum Protestanten.

Lebenslauf

Zweimal in der Woche lege ich meinen Heimweg joggend zurück. Die knapp neun Kilometer lange Strecke durchs wunderschöne Ruhrtal ist ein Traum. Da genieße ich den Windschatten eines Mitläufers. Da erhasche ich inspirierende Gedanken. Da fliege ich förmlich die letzte Fünfzehn-Prozent-Steigung hinauf. Da fühle ich mich quicklebendig. Da atme ich Glück, Dankbarkeit und Gottesnähe in achtundvierzig Minuten. Doch manchmal benötige ich auch eine Stunde und sechs Minuten. Da quäle ich mich über rutschige und vereiste Wege. Da brennen die Muskeln und schmerzen die Hagelkörner. Da bläst der Wind von vorne, da zwickt mich ein Hund in die Wade, da verirrt sich ein Kieselstein in meinen Schuh.

Diese Schönheit wie diese Schwere des täglichen Lebenslaufes atmet auch Psalm 23. Auch David kannte Kieselsteinschmerzen. Auch er litt unter Gegenwind. Auch er kannte Qualen, Zweifel und die inneren Stimmen, die ihn überreden wollten, aufzugeben. Auch über ihm braute sich manches zusammen. Auch in seinem Leben liefen Dinge schief. Er gewann nicht jeden Krieg. Er musste Verluste hinnehmen. Er musste vor Saul fliehen. Er trauerte um Freunde. Das familiäre Miteinander war alles andere als konfliktfrei. Er litt unter der Unzufriedenheit des Volkes. Zukunftsangst bedrängte ihn. Er verrannte sich blind in der Geschichte mit Batseba, und Gott ließ ihm die dunkle Schuld nicht durchgehen.

Je länger ich laufe und je länger ich lebe, umso mehr entdecke ich: Zum Leben gehören dunkle Täler. Und doch erkenne ich an dem Psalmschreiber David etwas Geheimnisvolles: Gerade die Zeiten im Regen, im Gegenwind, in der Hitze wurden zu besonderen Zeiten der Gottesbegegnung. Eine Erfahrung, die ich teilen kann: Gerade dort, wo es mir die Tränen in die Augen trieb, wo ich Schmerzen hatte, wo ich verzagen und aufgeben wollte, da habe ich Gott erfahren.

Als Vierundzwanzigjähriger stand ich am Grab meines Bruders – er war nur fünfzehn Jahre alt geworden. Ein teuflischer Rückenmarkskrebs hatte sein junges Leben innerhalb von sechs Wochen ausgelöscht. Als wir den Sarg meines Bruders an einem Junisamstag unter den Klängen des Auferstehungsliedes „Christ ist erstanden von der Marter alle" ins

Grab senkten, riss der wolkenverhangene Himmel auf. Die Sonne strahlte hinein in unser, in mein Elend. Mitten in dem Schmerz erlebte ich Gottes starke Hand auf meiner Schulter.

Ja, es gibt Wegstrecken des Lebens, die ohnmächtig und verzagt machen. Dunkle Täler, Feinde und Fragen sind die schmerzhafte und unangenehme Seite des Lebenslaufes. Doch gerade in dem Schmerz ist Gott da, ist er bei denen, die zerschlagenen Herzens sind, die müde Füße und erschöpfte Muskeln haben. Gott ist gerade dort, wo es brennt und klemmt, wo ich verwundet, hungrig und zerbrochen bin.

Henry Nouwen benennt dieses Geheimnis so: „Dort, wo wir verwundet sind, wo wir gebrochen sind, sind wir aufgebrochen für Gott." Mit diesem Wissen schnüre ich zweimal die Woche meine Laufschuhe: Kieselsteine, Gegenwind und Regengüsse gehören zum Leben und zur Nachfolge. Aber in ihnen ist Gott gegenwärtig und erfahrbar.

Saubermänner für die Zukunft

„Gauger, Gauger!", lautete eines der ersten Worte, die Joshua über die Lippen kamen. Wenn Papa den „Gauger" anschaltete, kam Joshua mit seinen acht Monaten strahlend und jauchzend aus der entlegensten Ecke der Wohnung angekrabbelt. Schaltete ich dann den „Gauger" aus, rollten ihm dicke Tränen über die Backen. Da seine „Gaugerliebe" etwas Ausdauerndes hatte, bekam er, kaum dem Krabbeln entwachsen, den brummenden (Spielzeug)gauger seiner großen Schwester ausgeborgt. Von da an hieß es jeden Freitag bei den Jopes: Staubsaugende Männer der Familie, vereinigt euch! Unser Sohn hat es von Anfang an verinnerlicht: Der Umgang mit dem Staubsauger ist Männersache.

Um das Jahr 1900 war diese schwere Arbeit tatsächlich ausschließlich den Männern vorbehalten. Dies war sicher kein Fehler, sondern im Gegenteil: Die geniale Erfindung des Staubsaugers entwickelte sich aus einem Fehler. Der Londoner Ingenieur Hubert Cecil Booth hatte an einem Versuch teilgenommen. Der in einer Wohnung herumliegende Schmutz und Staub sollte mithilfe von Luftdruck in einen Sammelbehälter geblasen werden. Das Vorhaben endete jedoch in einem Fiasko, weil diese Art der Reinigung für noch mehr Durcheinander in den Wohnungen sorgte.

Mr. Booth tüftelte anschließend viele Jahre lang weiter an seiner Idee. Er entwickelte eine monströse Saugpumpe auf einem Pferdefuhrwerk. Von diesem fahrbaren Untersatz wurden Schläuche in die jeweiligen Wohnungen verlegt, durch die der Staub in einen Sammelbehälter auf der Straße gesaugt wurde. Während in elegantes Weiß gekleidete Männer den Dreck beseitigten, trafen sich die Damen bei einer Tasse Tee, um zuzuschauen.

Die Erfindung des Staubsaugers begann mit einer Fehlermeldung. Aus diesem Fehlschuss, so die ursprüngliche Wortbedeutung von „Fehler", mit dem Luftdruckgebläse und dem gigantischen Pferdefuhrwerk entwickelte sich innerhalb von 30 Jahren ein handliches, finanzierbares und schon bald unentbehrliches Haushaltsgerät. Der anfängliche Fehler erwies sich als Umweg. Doch wie sagte ein Freund nach einem kapitalen Bock? „Umwege erhöhen die Ortskenntnis."

Der Theologe Dietrich Bonhoeffer drückte diese befreiende Wahrheit so aus: „Ich glaube, dass auch unsere Fehler und Irrtümer nicht vergeblich sind und dass es Gott nicht schwerer ist, mit ihnen fertig zu werden, als mit unseren vermeintlichen Guttaten."[*] Wenn Fehler uns voranbringen, warum kaschieren wir sie dann? Warum sind wir so krampfhaft auf Fehlervermeidung programmiert?

Seit dem „Gaugererlebnis" habe ich für mich den Schalter umgelegt: Fehler sind für mich keine Katastrophe mehr, sondern ein „Noch nicht gelungen". Wenn ich auf die Entwicklung des Staubsaugers oder die meines Privat- und Berufslebens sehe, so stellen sich viele Anfängerfehler als Wachstumsknoten heraus. Wenn ich als Mensch vorwärtskommen und reifer werden will, braucht es dieses Gottvertrauen und dieses mutige Wagen. Das freitägliche „Gaugern" mit meinem Sohn erinnert mich daran: Die Fehlermacher sind die Saubermänner für eine gelingende Zukunft.

---

[*] Dietrich Bonhoeffer, Widerstand und Ergebung, DBW, Gütersloh 2011, Bd. 8. S. 31.

Leuchten wie die Kinder

Nikolaustag. Wir sind auf dem Rückweg von der Chorprobe. Ich schalte das Autoradio an. Das alles beherrschende Thema ist der Tod von Nelson Mandela am Tag zuvor. In meine Gedanken hinein fragt meine achtjährige Tochter ernsthaft und interessiert von hinten: „Mandela, wer war das?" Ich drücke den Ausknopf und hole etwas aus. Ich rede über Apartheid, den ANC, über Madibas 27 Jahre Haft auf Robben Island, den Wandel, das neue Südafrika, den ersten demokratisch gewählten Präsidenten der Regenbogennation, die Verleihung des Friedensnobelpreises … Anna hört interessiert zu. Nach meinem Erzählen breitet sich eine Art nachdenkliche Stille aus, die nur vom Klacken des Blinkers unterbrochen wird. Anna schaut entspannt zum Fenster hinaus. Plötzlich entfährt es ihr spontan „Oh, schade! Dann kann der gar keinen Nikolaus mehr feiern!"

Erst bin ich verwirrt, dann staune ich mich hinein in diese kindliche Logik. Da philosophiert der Erwachsene über das Große und Ganze, die Trauer und den Tod. Da macht Papa einen auf wesentlichen und wichtigen Welterklärer, um am Ende wieder einmal staunend zu merken: Kinder ticken anders. Sie bringen das vermeintlich Wichtige mit dem vermeintlich Unwichtigen zusammen. Sie kombinieren zwei scheinbar unpassende Puzzleteile. Ihnen gelingt es, den großen Weltschmerz mit ihrer kleinen Weltfreude zu verbinden.

Ich grinse in mich hinein. In meiner Vorstellung sehe ich Nelson Mandela im Himmel. Er sitzt dort vertieft im Gespräch mit Leuten wie Paul Schneider, Dietrich Bonhoeffer und Mutter Teresa. Sie umarmen sich. Sie strahlen sich an. Sie freuen sich, dass sie ihren Weg geschafft und die irdische Welt ein bisschen besser, gerechter und mutiger gemacht haben. Am Ende blicken sie schweigend auf die Erde. Plötzlich flüstert Madiba in die Pause hinein: „Eines hätte ich mir doch gewünscht: Noch den Nikolaustag zu erleben."

Im Rückspiegel blicke ich meiner Tochter ins Gesicht. Sie strahlt. Und ich bin mir sicher. Auch Mandela strahlt über dieses aufgeweckte Kind, das mir einmal mehr vor Augen und Ohren führt: Was zählt, ist das Leben im Heute und Jetzt. Weltereignisse, Erfolge, große Taten, Revolutionen, Erneuerungen … ja, die sind wichtig. Aber weniger wert sind die kleinen

Dinge wie ein leckerer Kakao, die wärmenden Sonnenstrahlen auf der Haut, der wiedergefundene Legostein, die spontane Busfahrt mit meinem Sohn, das Versteckspielen auf dem Spielplatz, das leere Schneckenhaus eben auch nicht. Kinder bringen mit Leichtigkeit zusammen, was wir Erwachsenen nicht mehr schaffen. Der Nikolaustag erinnert und mahnt mich, das Leben nicht zu verschieben, sondern staunend und ein bisschen kindlicher unter die Füße zu nehmen. Oder wie Mandela einmal sagte: „Wir sind alle bestimmt, zu leuchten, wie es die Kinder tun."

Null null sieben

Der Startschuss hallte über die Felder. Unter den Klängen eines trommelnden Spielmannszuges begann sich die Läufermeute langsam in Bewegung zu setzen. Mein erster Halbmarathon. Startnummer 007. Doch von der Kondition eines James Bond in Supermanier war leider wenig zu spüren. Morgens hatte mich meine Tochter wegen der Zeitumstellung eine Stunde früher geweckt. Mein Schädel brummte. Die zwei Gläser Rotwein vom Vorabend machten sich bemerkbar. Beim Aufstehen spürte ich meine schweren Beine. Sie signalisierten mir: Du hast bei deiner Vortragsreise gestern zu viel gestanden. Die zwei kleinen Augen im Spiegel erinnerten mich: Spät geworden gestern Abend. Der (nette) Besuch wollte nicht gehen. Nach fünf Kilometern verschluckte ich mich am gereichten Tee. Bei Kilometer sechs quälte mich ein heftiges Seitenstechen. Bei Kilometer acht klopfte mir eine junge Frau aus der Gemeinde aufmunternd auf die Schulter, um mich dann mit Leichtigkeit abzuhängen. Bei Kilometer neun löste sich der rechte Schnürsenkel. Dann kam die Wendemarke. Die Zehnkilometerläufer bogen links ab. Rechts ging es auf die einundzwanzig Kilometer. Ich hatte den Kanal voll, wollte aussteigen und mich in dem sprichwörtlichen Mauseloch verkriechen. Tränen standen mir in den Augen. Während ich noch mit mir rang, begann ein etwas untersetzter Mann aus einem Campingstuhl heraus mit einer Bierflasche in der Hand zu brüllen: „Aufhören. Aufhören. Aufhören!" Dieser „bewegte" Sportler stachelte mich an. Es machte Klick. 007 lief nach rechts. Nach zwei Stunden und zehn Minuten erreichte der Halbmarathon-Bond platt, aber stolz das Ziel.

Der Lebenslauf mit seinen Herausforderungen ist eben kein Campingstuhlplatz, sondern ein spannender Kampf gegen innere und äußere Ganoven. Manchmal scheint es leichter, im Campingstuhl am Rand des Lebens zu sitzen, Kommandos zu geben und über „müsste, sollte, würde und könnte" zu philosophieren oder gar über die lahmen Versagerenten auf der Strecke zu lächeln oder zu schimpfen. Doch dort an der Wendemarke hat 007 die Lektion verinnerlicht, die Paulus, ein Lebensmarathonläufer Gottes, im Brief an die Philipper so beschreibt: „Doch an dem, was ihr schon erreicht habt, müsst ihr auf jeden Fall festhalten. Bleibt nicht auf halbem Wege stehen" (3,16).

Ja, manchmal sind die Start- und Laufbedingungen bescheiden. Ja, manchmal bin ich voller Zweifel, atemlos, gefangen in alten Verhaltensmustern. Ja, manchmal steht mir der Schweiß auf der Stirn, und ich würde die Qual am liebsten abkürzen. „Im Auftrag seiner Majestät" unterwegs zu sein, ist keine leichte Kost, doch die Startnummer 007, die inzwischen unsere Arbeitszimmertür ziert, tritt mir immer mal wieder liebevoll in den Hintern: Rüdiger, bleib nicht stehen. Gib nicht auf! Null null sieben erinnert mich: Entscheidend ist das Unterwegs-Bleiben. Es kommt nicht auf die Vorgeschichte, das Tempo, die Zeit, das Bild an, was ich abgebe, sondern darauf, dass ich mich aufmache und an den Wendemarken nicht stehen bleibe, sondern weiterlaufe. Immer wieder setze ich den flüsternden inneren Aufgeberstimmen entgegen: Lieber auf ein Ziel zuschleichen und zustolpern, als gar nicht erst loslaufen. Null null sieben ist unterwegs. Gestern. Heute. Und morgen.

Kostbarkeiten brauchen Zeit

Winterurlaub auf Kreta. Während sich in Deutschland die kalten und feuchten Februartage auf die Gemüter legten, wanderte ich mit meiner Frau durch sonnenbeschienene Olivenhaine. Millionen von schwarzen Früchten warteten auf die Ernte. Unter vielen Bäumen waren Netze ausgebreitet, die die Früchte aufnahmen, wenn die Bauern sie von den Bäumen schüttelten oder klopften. Und am Wegrand stapelten sich die Säcke mit diesen Kostbarkeiten. In der Nähe eines der verschlafenen Bergdörfer entdeckten wir eine kleine Olivenmühle. Ein scharfer, würziger Geruch schlug uns entgegen. Neugierig sahen wir, zwei Fremde mit typisch deutschem Leistungs- und Nutzenverständnis, den Arbeitern beim Pressen zu. Bei einem Glas frisch gepresstem Olivenöl und dem mit Händen und Füßen geführten Gespräch mit Einheimischen entdeckte ich: Das Fruchtbringen und Ernten erfolgt hier in ganz anderen Dimensionen.

Bevor ein Olivenbaum das erste Mal Frucht bringt, vergehen sieben bis zehn Jahre. Zehn Jahre lang muss der Baum bewässert, beschnitten, geschützt und gepflegt werden, bis er das erste Mal etwas Brauchbares abwirft. Wenn es dann so weit ist, dass er Früchte trägt, bringt es ein Olivenbaum pro Jahr auf zwanzig Kilo Oliven. Gepresst ergibt diese Menge etwa anderthalb Liter kostbares Öl, anderthalb Liter durchschnittliches Öl und noch einmal ebenso viel minderwertiges Öl. Das kretische Olivenöl wird mit unvorstellbar viel Mühe und Handarbeit gewonnen. Es ist aber eben auch das kostbarste der Welt.

Unser Besuch an der Olivenmühle hat mir etwas gezeigt: Kostbarkeiten brauchen Zeit. Ich gehöre zu der Sorte Heißsporne, die gerne beten (und auch nach dem Motto leben): „Herr, schenke mir Geduld, aber bitte sofort." Warten und Reifen sind keine Kardinaltugenden der Postmoderne. Ich will Frucht sehen nach meinem Zeitplan, möglichst jetzt, hier, sofort. In Psalm 1 erteilt Gott diesem Ansinnen eine humorvolle Absage: „Der ist wie ein Baum, gepflanzt an Wasserbächen, der seine Frucht bringt zu seiner Zeit"(V. 3). Meine Zeit macht er zu seiner Zeit. Er erinnert mich mit dieser alten Weisheit daran: Zur Schöpfung gehören verschiedene Jahreszeiten wie Frühjahr, Sommer, Herbst und Winter. Zur Schöpfung gehören unterschiedliche Arbeitsphasen wie Säen, Pflanzen, Düngen, Bewässern, Beschneiden, Wachsen, Reifen und Ernten.

Dass dieses „zu seiner Zeit" nicht das dümmste Lebensmotto zu sein scheint, beweisen die Nutzhölzer Kretas ebenso wie die Ureinwohner der Insel: Olivenbäume können bis zu dreitausend Jahre alt werden. Und die Kreter bringen es auf das höchste Durchschnittsalter in Europa. Immer wenn ich mir jetzt eine der kostbaren schwarzen Oliven auf meiner Zunge zergehen lasse, werde ich daran erinnert: Kostbarkeiten brauchen Zeit. Oder wie Abbé Pierre es formulierte: „Das Wachstum des Weizens lässt sich nicht dadurch beschleunigen, dass man an den Halmen zieht." Das Wachstum der Seele auch nicht.

Stand-by-Modus-Nacht

Es ist kurz nach 23.00 Uhr. Ein langer Tag geht zu Ende. Im zweiten Stock angekommen, ziehe ich meine Schuhe aus und schlüpfe leise in die Wohnung. Die Familie befindet sich schon im Schlummermodus. Mit einem kalten Getränk platziere ich mich im Runterfahrmodus vor dem Fernseher. Im Infokanal gibt es die Tagesnachrichten in der Konserve. Doch was ist das? Meldet sich da etwa unser drei Monate alter Nachzügler? Ich schalte auf stumm. Tatsächlich: Joshua ist wach. Wenige Momente später nuckelt er gierig an Ingrids Brust. Ich stelle die Glotze aus, schlüpfe in den Schlafanzug und mixe nebenher eine Flasche Nahrungsergänzung an.

Als die Turmuhr zwölfmal schlägt, sitze ich auf dem Sofa, jetzt im Papamodus. Ich schaue in zwei große, neugierige Augen, die signalisieren: Hey, ich hab noch Hunger. Der gierige Mund findet den Sauger. Um kurz vor halb eins liegt ein schweres, schlafendes Kerlchen in meinem Arm. Tonlos. Satt. Zufrieden. Vorsichtig ziehe ich mit einem „Plop" die Flasche aus dem kleinen Mund. Vorsichtig kuschle ich den kleinen Mann in sein Bett. Um null Uhr sechsundvierzig stelle ich mir den Wecker auf sechs Uhr dreißig.

Der Weckmodus setzt um zwei Uhr einunddreißig ein. Joshua ist wieder wach. Wir holen ihn in unser Bett. Doch mit Schnuller und Brust ist er nicht zu beruhigen. In der Küche mische ich die nächste Portion. Wieder sitzen wir beide im Wohnzimmer. In einem Zug leert der Bursche die Flasche. Diesmal fallen jedoch die Augen nicht zu. Mit seinem Weitersaugen verklickert er mir: Ich will noch was. Um drei Uhr dreizehn sind die zusätzlichen sechzig Milliliter in dem kleinen Magen verschwunden. Vorsichtig parke ich unseren Sohn in seiner Schlafposition und falle selber schlaftrunken in mein Kissen.

Doch Joshua hat Freude am Wachmodus gefunden. Er gluckst und blubbert beglückt in seinem Bettchen vor sich hin. Er wedelt mit den Ärmchen. Ich mache einen auf toten Mann. Doch irgendwann können wir uns beide nicht mehr zurückhalten. Wir lachen über diesen nachtaktiven Chaoten und legen ihn schließlich zwischen uns beide ins Elternbett. Zwei kleine Augen fixieren mich strahlend nach dem Motto: Bleibt cool. Mir geht's gut! Das Leben ist

soooooooooo schön! Um vier Uhr zwölf keh-
ren Ruhe und Frieden ein.

Ich spüle noch schnell die leere Flasche und
koche frisches Wasser für die nächste Runde,
die sich um sechs Uhr dreizehn ankündigt. Ich
verpasse dem Frühaufsteher eine frische Windel
und packe ihn samt warmer Flasche um sechs
Uhr neunundzwanzig ins Bett zu Ingrid. Der
Wecker verkündet mir: Es lohnt nicht mehr,
sich hinzulegen. Fünfzehn Minuten später sitze
ich am Schreibtisch. Vor mir steht ein damp-
fender Coffee to go. Tiefschwarz. Ich denke an
den Satz einer Fernsehmoderatorin mit 75210
Likes: „Ich finde Kinder einfach doof." Nach
so einer Nacht im Stand-by-Modus bin ich
geneigt, ihr recht zu geben. Doch das Strahlen
meines Sohnes und sein beglücktes Glucksen
fegen dieses hirnlose, oberflächliche Urteil hinweg. Gerade diese nächtliche Plagerei berührt
den inneren Kern meines Vaterseins. Sie hat das
Potenzial, Wesentliches von Unwesentlichem
zu trennen. Das ist gelebte und geliebte Verant-
wortung abseits der Scheinwerfer. Ahnungsvoll
dämmert es mir: Nicht die Zuschauerrolle be-
friedigt, sondern das Bestehen im Sturm, das
Durchhalten, das Den-Kindern-den-Rücken-
Stärken inmitten der Kümmernisse ihrer Kin-

derwelt. Während ich den nächsten Schluck Kaffee genieße, like ich in meinen Gedanken Joshua und notiere in meinem Tagebuch: „Ich finde Kinder wunderbar, geheimnisvoll und einzigartig." Danke, Gott, für diese Wunder!

Schwimmkurs im April

Ein grauer Apriltag. Wir Jungs aus der Hermann-Löns-Straße langweilen uns. Rollschuheishockey, Länderklauen spielen und Fahrräder frisieren – nichts davon reißt uns an diesem Nachmittag vom Hocker. Plötzlich steht sie im Raum: die Idee. Wir gehen Molche fangen. Wie Ameisen stieben wir auseinander. Wenige Momente später stehen wir gestiefelt und bewaffnet mit alten Gurkengläsern und Keschern wieder zusammen.

Auf dem Weg zur Oberschule kommen uns Bedenken. Ob der Hausmeister da ist? Wie kommen wir ans Wasser ran? Ein paar Minuten später stehen wir vor der Mauer. Mit der Räuberleiter helfen wir uns gegenseitig hinüber. Udo bleibt oben auf der Mauer und sitzt Schmiere. Wir anderen schleichen unter den Kastanien weiter bis zum Feuerlöschteich.

Das Geländer, das den Teich umgibt, haben wir fix überwunden. Gelb- und rotbauchige Molche tauchen in regelmäßigen Abständen zum Luftholen auf. Die schwarzen Wände neigen sich schräg nach unten. Drei Meter bis zum Wasser. Wie kommen wir bloß hinunter?

Irgendjemand schlägt vor: Lasst uns eine Kette machen. Der Erste hält sich am Geländer fest, ein Zweiter gibt ihm seine Hand. Kurz darauf stehe ich ganz unten in der Viererkette. Jörg hält meine Hand, während ich mit dem Kescher auf Molchjagd gehe. Nach einer halben Stunde haben wir es auf acht Lurche gebracht.

Uns packt die Leidenschaft. Wir wechseln die Seite. Wieder versucht ein besonders schönes Prachtexemplar nach oben zu kommen. Ich beuge mich vor. Das sollte doch klappen. Während ich triumphierend den Kescher unter den auftauchenden Molch schiebe, lässt Jörg, von Begeisterung gepackt, meine Hand los. Im nächsten Moment platscht es und ich verschwinde im algigen Tümpel.

Die Freunde schreien und hüpfen aufgeregt um den Rand des Beckens herum. Ich plansche wie ein Hund, klammere mich an den Kescher. Eilig formiert sich eine Dreierreihe. Ich halte den Kescher hoch. Irgendjemand bekommt ihn zu fassen und ich robbe Wasser spuckend die schräge Wand hinauf. Als Erstes schauen wir in den Kescher. Jubelnd stellen wir fest: Der Molch ist gefangen. Ab ins Glas.

Und tropfnass gewahre ich Erstklässler: Ich kann schwimmen. Mit Gänsehaut, aber innerlich jubelnd, mache ich mich auf den Heimweg. Zu Hause packt mich meine Mutter mit einem Grinsen und einer gewissen Coolness in die Badewanne. Während ich in Schaumbergen schwelge, tauchen am Feuerlöschteich der Hausmeister und der Schulheizer auf. Sie halten der Bande eine Standpauke nach dem Motto: „Wenn hier einer von euch reinfällt, könnte der ertrinken." Mit roten Ohren und den gefangenen Molchen als Beute machen sich die Jungs auf den Heimweg.

Fünfunddreißig Jahre später betrete ich wieder das Schulgelände. Diesmal gehe ich durch das Tor. Die hohe Mauer von damals wirkt niedrig. Das Geländer, das das Gewässer umrandet, fehlt. Wo sich damals die schrägen schwarzen Mauern befanden, wächst jetzt Wiese. Der Feuerlöschteich ist verfüllt. In der Mitte steht eine Bank. Schmunzelnd lasse ich mich darauf nieder und stelle fest: Ja, die Gefahr ist gebannt. Hier kann niemand mehr ertrinken. Aber hier ist eben auch kein wildes, freies Leben mehr möglich. Hier kann niemand mehr Molche fangen, Schwimmen lernen, Jungserlebnisse machen. Schade eigentlich. Oder?

„Ganz oben!"

„Papa, schau mal, ich bin gaaaaaaaaaaaaaaanz oben", kräht mein dreijähriger Sohn selbstbewusst über den ganzen Spielplatz. Seit Kurzem zählt er sich zu den ganz Großen. Bei jeder sich bietenden Gelegenheit betont er seine Kletterkünste. Heute sitzt er wieder „ganz oben" auf dem Ast der Buche. In ein Meter fünfzig Höhe macht er einen auf wagemutiger Kletterer. Von seiner Perspektive aus bewegt er sich in „schwindelerregenden" Höhen. Dass der Baum allerdings noch neun Meter Kletterluft nach oben zu bieten hat, blendet er (zur Beruhigung seines Vaters) noch großzügig aus.

Dieses „ganz oben" begegnet mir nicht nur auf dem Spielplatz. Da posaunte vor fünfundzwanzig Jahren ein Politiker heraus: Den Sozialismus in seinem Lauf halten weder Ochs noch Esel auf. Ein Arbeitsminister versprach inbrünstig: Die Rente ist sicher! Energiekonzerne beteuerten: Atomkraftwerke liefern sauberen Strom. Menschen investierten gutgläubig in Volksaktien, Windkraftunternehmen und Immobilien. Die Werbung im Internet, im Fernsehen, auf dem Smartphone versucht mir zu vermitteln: Mit diesem fahrbaren Untersatz, mit diesem Flachbildschirm, mit jenem Haargel, mit jenem Smartphone bist du „ganz oben" dabei. Wirklich?

Ich besuche mit meiner Tochter einen Museumsschacht hier im Ruhrgebiet. Auf dem Schreibtisch des Grubenverwalters steht ein Telefon, schwarz mit Wählscheibe. Während Anna begeistert zu wählen beginnt, erzähle ich ihr, dass wir in meiner Kindheit so ein Telefon zu Hause hatten. Ihre großen Augen staunen mich an. „Früher? Gab es da nicht auch Saurier?" 1976 waren wir in unserer Straße mit diesem grauen Apparat „ganz oben". Da kam die Nachbarschaft, um von da aus DDR-weit zu telefonieren. Vierzig Jahre später ist das „ganz oben" Geschichte zum Schmunzeln.

Wir Menschen sind und bleiben einfach unverbesserliche Kletterkünstler. Das wird schon am Anfang der Bibel deutlich. In einem wahren Kraftakt soll ein Turm gebaut werden, der bis zu Gott reicht. „Ganz oben" lautet der Slogan der Bauleute. Und Gott? Der nimmt die Sache mit Humor. Wirklich! Selbst mit der Lesebrille sieht er nichts. Er muss sich aufmachen. „Da fuhr der Herr hernieder, dass er sähe die Stadt und den Turm, die die Menschenkinder bauten" (1. Mose 11,5). Gott muss erst mal auf den menschlichen „Spielplatz" runterkommen und sich das „klitzekleine" Türmchen anschauen, weil es vom Himmel aus nicht zu sehen ist. Im Blick auf die vermeintlichen menschlichen Hochbau- und Kletterkünste schrieb der Theologe Helmut Thielicke: „Von Gott aus gesehen sieht alles ganz anders aus. Das ist ein bleibender Trost, der uns aus dieser Geschichte mit ihrem hintergründigen Lächeln zuwinkt."

Das Spielplatzerlebnis, das alte Telefon, die Bibel führen mir vor Augen: Bleib entspannt. Es ist noch viel Luft nach oben. Das hippe Ganz-oben-Geschrei von heute ist vielleicht morgen schon überholt, niedrig und nur noch ein Schmunzeln wert.

„Bin ich ein Torwart!"

Spätsommer. Ich drehe den Schlüssel der Wohnungstür rum. Kaum ist diese offen, stürzt mir Joshua schluchzend entgegen. „Bin ich ein Torwart!" Fragend schaue ich meine Frau an. Sie wirkt etwas genervt, während Sohnemann an seinem Rucksack nestelt und das „Problem" herausfingert. Rote Winterhandschuhe.

Ich pruste los. Fäustlinge im August. Ich gehe in die Hocke und frage Joshua, was er damit wolle. Energisch entgegnet er mir: „Bin ich ein Torwart!" Mir dämmert es. Seit dem Fußball-WM-Spiel Portugal – Deutschland hat der Dreijährige seine Leidenschaft für den letzten Mann entdeckt. Ein Torwart hat eine Nr. 1 auf dem Rücken, schmeißt sich hin und hat – gaaaaaanz wichtig – Handschuhe an. Fix wie er ist, hat der Kleine kombiniert: Beim Eltern-Kind-Sport gibt es im Vorprogramm doch immer Aufwärmen mit Ball. Da könnte ich doch jetzt Torwarthandschuhe mitnehmen.

Mit dem Blick auf die Uhr signalisiere ich meiner Frau: Wir müssen los und die Handschuhe kommen mit, trotz sommerlicher 30 Grad. Joshua jauchzt. Nur mit Mühe kann ich ihn davon abhalten, die Handschuhe schon auf dem Weg in die Turnhalle zu tragen.

Kaum sind wir im Umkleideraum angekommen, wird als Erstes welches Kleidungsstück angezogen? Wenige Momente später springt ein kleiner Kerl frohlockend auf die Bällekiste zu. Er angelt sich einen Ball und stellt sich vor das an der Wand markierte Tor. „Papa, komm!"

Ich muss grinsen. Was für ein Bild? Ein Steppke in kurzen Hosen, gelbem T-Shirt und mit dicken, roten Winterhandschuhen an den Fingern. Beim ersten Schüsschen schaue ich in ein strahlendes Gesicht. Joshua ist überglücklich. Stolz gluckst er: „Bin ich ein Torwart."

Während er sich gefühlte fünf Sekunden, nachdem der Ball ins Tor gekullert ist, auf die Knie fallen lässt, setzt bei mir das Staunen ein. Joshua scherte sich nicht um das Wetter. Ihn stören nicht die Belächler in der Halle. Ihn kümmern keine Konventionen. Selbst den Einwand eines ein paar Köpfe größeren Jungen, das seien ja gar keine richtigen Torwarthandschuhe, lässt er kühl abblitzen – mit seinen roten Fäustlingen und seinem erfüllt dahingehauchten Satz: „Bin ich ein Torwart!" Eine Viertelstunde später ruft die Übungsleiterin alle Anwesenden in den Kreis. Eine Kinderhorde entledigt sich lärmend der Bälle. Die Torwartutensilien wandern in meine Hosentaschen. Joshua nimmt meine Hand und seufzt im Brustton der Überzeugung: „Bin ich …"

Während er mit den Kindern im Rhythmus „Eins, zwei, drei im Sauseschritt" im Kreis zu laufen beginnt, staune ich über dieses Selbstbewusstsein, diese Überzeugung, diese Vorstellungskraft, die mein Sohn an diesem Sommertag an den Tag legte. Sollte ich mir nicht etwas von dieser Unbeirrtheit, dieser Hartnäckigkeit, diesem Spiel, dieser inneren Stärke, diesem Selbst abschauen? Joshua war ganz er, ganz bei sich, von sich und seinem Tun überzeugt. Sollte ich nicht auch als Erwachsener mal so eine Art Rote-Handschuh-Aktion-im-Sommer in vielerlei Gestalt anpacken? Verrückt? Vielleicht, aber auch irgendwie befreiend, beglückend und selbstbewusst. Oder wie sagte Jesus doch: „Wenn ihr nicht umkehrt und werdet wie die Kinder, so werdet ihr nicht ins Himmelreich kommen" (Matthäus 18,3).

PS: Die Torwarthandschuhe waren auch beim nächsten Sporttermin dabei.

Fanta in der Wüste

Urlaub in der Toskana. Frühherbst. Wir sind mit den vollgepackten Rädern unterwegs auf der vierten Etappe. Unser Ziel lautet Caprese Michelangelo. Einen Pass mit zwanzig Kilometern Anstieg haben wir an diesem Tag schon bewältigt. Jetzt quälen wir uns mit durchgeschwitzten Klamotten keuchend den zweiten Berg hoch.

Der Nebel hat sich gelichtet. Grillen zirpen. Die Mittagssonne knallt erbarmungslos. Da und dort beginnt der Asphalt Blasen zu werfen. Die vier Trinkflaschen sind leer, die Lippen sind spröde. Bei jeder Kehre hoffen wir, dass es die letzte ist. In meinem Kopf dröhnt es nur noch: „Wasser." Schließlich erreichen wir ihn: den Ort unserer Sehnsucht. Vor einem kleinen Laden steigen wir in die Bremse. In großer Vorfreude auf diese Oase bewegen wir uns mehr schwankend als gehend auf die Tür zu.

Doch der Druck auf die Klinke öffnet uns keine Tür. Welch eine Ernüchterung. Schmerzhaft werden wir erinnert: Mittwochnachmittags haben in der Toskana die Läden geschlossen. Nach achtzig Kilometern hängt uns wirklich die Zunge aus dem Hals. Ingrid bleibt im Schatten eines verblichenen Sonnenschirms vor dem Laden sitzen. Ich steige nochmals auf das Mountainbike. Ob ich noch eine andere Flüssigkeitstankstelle in diesem scheinbar menschenleeren Ort finde?

Bei einem ebenfalls geschlossenen Lokal nehme ich meinen ganzen Mut zusammen. Da eine Klingel nicht zu finden ist, klopfe ich. Ein Hund bellt. Dann höre ich, wie sich ein Schlüssel im Schloss dreht. Die Tür öffnet sich einen Spalt. Mir schlägt ein Schwall kalter Luft entgegen. Die freundlichen Augen einer alten Frau mit Kopftuch strahlen mich fragend an. Mit Händen und Füßen erkläre ich ihr, dass unsere Flaschen leer sind. Sie greift etwas zittrig nach den zwei leeren Behältnissen und schlurft dann ins Innere. Wenige Momente später streckt sie mir die gefüllten Pullen und zwei eiskalte Fantas entgegen. Ich öffne meinen Geldbeutel. Doch sie winkt ab.

Minuten später sitzen wir im Schatten vor dem geschlossenen Laden. Wir genießen jeden Tropfen dieses kühlen Getränkes mit allen Sinnen. Haben wir schon jemals etwas so erfrischend Leckeres getrunken? Nein. Die unscheinbare Frau wurde uns zur göttlichen

Tankstelle inmitten der Mittagswüste. Wir begannen plötzlich zu ahnen, was Jesaja mit diesem Satz meint: „Ich will in der Wüste Wasser und in der Einöde Ströme geben, zu tränken mein Volk, meine Auserwählten (Jesaja 43,20)". Für uns wurden diese zwei Fantas zur Oase, zum Händedruck Gottes. Er lässt seine Leute nicht verdursten.

Doch um dieses wunderbare Handeln erleben zu können, muss man sich auch aufmachen, sich in die Sonne wagen, Serpentinen hochquälen, Schweiß zulassen. Wer sich nicht in die Wüste wagt, der wird auch nicht erleben, wie Gott ihn mit dem versorgt, was er benötigt. In der toskanischen Gluthitze erleben wir: Gott beschenkte uns in unserer Trockenheit durch seine Botin mit erfrischendem Nass. Die wunderbarsten Quellen entdeckten wir nicht in der gepolsterten Komfortzone des Lebens, sondern in der Gluthitze des mittäglichen Unterwegsseins.

Die Wahrheit dahinter

Beim Aufräumen in meinem Büro rutscht er mir in die Finger. Ein vergilbter Zeitungsausschnitt. Unter der Überschrift „Fuldaer Radsportteam enttäuschte" stand ein Name mit dem Zusatz: Konnte sich nicht platzieren.

Ich grinse in mich hinein. Der Lokaljournalist hat sich im Schönschreiben geübt. Warum ich das weiß? Weil ich an diesem Tag nicht die Ziellinie überquert habe … Mit dem Mannschaftsbus waren wir um fünf Uhr Richtung Frankfurt aufgebrochen. Um kurz nach halb acht saß ich aufgewärmt auf dem Rennrad. Ich fühlte mich ausgezeichnet. Ich hatte gut trainiert. Das Wetter spielte mit einem Mix aus Sonne und Wolken prima mit. Mit einem kribbeligen Gefühl und klopfendem Herzen rollte ich an den Start. Mein Trainer nahm mir die wärmende Jacke ab und klopfte mir aufmunternd auf die Schulter. Beiläufig fragte er: „Hast du ausreichend gefrühstückt?" Ich verneinte. Während ich ihm noch zurief, dass ich Bananen und Müsliriegel eingesteckt hätte, setzte ein Schuss das Feld der hundertachtzig Fahrer in zuckende Bewegung.

Am ersten Taunusanstieg begann das Peloton auseinanderzubröseln. Ich schaffte es, mich im vorderen Drittel des Hauptfeldes festzusetzen. Mit einem großartigen Gefühl rollte ich wieder ins Tal. Würde ich heute mal etwas reißen können?

Dann stand der zweite Anstieg an. Ich biss mich am Hinterrad meines Vordermanns fest. Doch was war das? Die Tretkurbel ließ sich immer schwerer bewegen. Hatte ich mir einen platten Reifen gefahren? Nein. Mein Kopf sagte mir: Beiß die Zähne zusammen und tritt rein. Die Beine und der Magen sagten mir: Die Energiereserven sind aufgebraucht. Eilig stopfte ich die Ration aus der Trikottasche in den Mund. Doch es half nichts. Ich wurde förmlich von vorne nach hinten durchgereicht. Der bei Radfahrern berüchtigte „Mann mit dem Hammer", der „Hungerast" hatte mich ereilt. Wie in Trance bummelte ich dem Hauptfeld hinterher. Mein Körper blockierte. Der Akku war leer. Ich fuhr das Rennen nicht zu Ende.

Auch Elia stand an einem Nullpunkt. Auch er hatte sich förmlich in einen Hungerast gearbeitet, sämtliche roten Signale überfahren, die Traineranweisungen belächelt. Gefrustet sitzt er nun unter einem Ginsterstrauch und muss erkennen: Es geht nicht mehr. Das Ziel ist so nicht zu erreichen.

Mitten in diesem Desaster macht Gott einen himmlischen Imbiss auf. Durch einen Engel versorgt er seinen Sportler. Er liest ihm nicht die Leviten, sondern reicht ihm frisches Brot. Umsorgend spricht er dem schlappen Streiter zu: „Steh auf und iss! Denn du hast einen weiten Weg vor dir" (1. Könige 19,7).

Diese Lebenslektion geht mit mir: Wer ins Ziel kommen will, muss vorher für ausreichend Kalorien sorgen. Wer nicht im Hungerast des Lebens enden will, muss rechtzeitig den Ausknopf finden, muss für geistliche, geistige, menschliche und gemeinschaftliche Ruhe- und Nahrungsaufnahmegelegenheiten sorgen. Wer nur aufs Tempo drückt und seine Energiereserven permanent stiefmütterlich behandelt, muss bald über sich lesen: „Konnte sich nicht platzieren." Im Sinne Gottes ist dies jedenfalls nicht.

Viereinhalb Stunden

Klack. Die Wohnungstür fällt ins Schloss. Anna schiebt den Nuckel aus dem Mund und dreht ihren Kopf. „Trink ruhig weiter. Mama geht ins Büro. Papa bleibt bei dir, mein Knuddel." Die letzten Silben werden von einem bewundernswerten Gähnen gedehnt. „Bin ich die Nacht zehn, fünfzehn oder gar zwanzig Mal aufgestanden oder du?" Anna schiebt die Flasche weg und stemmt sich hoch. Ein feuchter Schmatz und ein leidenschaftlicher Biss in die Nase lassen mich die Mühe vergessen. Ich parke sie im Ställchen bei ihrem pädagogischen Spielzeug.

Shampooniert stehe ich unter der Dusche. Ein Schrei übertönt das Brummen des Ventilators. Wasser marsch. Keine dreißig Sekunden später schlappe ich tropfend ins Kinderzimmer. Anna strahlt mich an, als wolle sie sagen: „Endlich befreit mich jemand aus dem Käfig."

Ich rühre mir einen Cappuccino an und schlage die Sportseiten auf. „Wah!"

„Willst du auf meinen Schoß?"

Zack, die kleinen Hände greifen nach dem Wirtschaftsteil. Egal. HSV schlug Bayern 2:1!

„Nein, Anna, nicht abbeißen." Mit meinem Finger pule ich ein Stück Zeitung aus dem zahnlosen Mund.

Ein atemraubender Duft lässt mich die heiße Tasse abstellen.

„Bleib liegen, Anna, Papa muss dich windeln. Gleich kannst du wieder strampeln. Halt, Vorsicht!"

Nur mit Mühe gelingt es mir, die tischtennisballartige braune Kugel aus der Windel vor dem Aufschlag auf dem Laminat zu bewahren. Nassgeschwitzt stülpe ich zwei Socken über sich windende, flinke Zehen. Ich setze mich zu meinem lauwarmen Cappuccino.

„Ahhhhhh!"

Wie kann man sich nur so unglücklich unter dem Stuhl einparken?

„Nein, Anna, nicht den Stecker von der Kühltruhe rausziehen!"

„Nein, nein, nein", ahmt mich die kleine Göre nach. Mit ihrer rechten Hand schiebt sie sich „klack, klack, klack" aus der Küche. Ich nutze diese Freiheit und räume die Spülmaschine aus. Das Klappern der Tassen wird von einem markerschütternden Schrei übertönt. Kleine Finger müssen von der Badtür befreit werden.

Ich setze Anna aufs Fensterbrett. Der Schnee

wird bestaunt. Ein kleines Gesicht verschwindet hinter dem Vorhang.

„Wo ist die Anna?"

„Da ist die Anna!" Knopfaugen strahlen mich an.

„Jetzt haben wir aber genug gespielt. Jetzt muss Papa die Wohnung putzen."

Mit neugierigen Augen wird der Staubsauger beäugt, bis dieser losbrummt. Ich ziehe meinen Pulli aus und nehme den Schreihals auf den Arm. Nach Flur, Kinder- und Schlafzimmer läuft mir der Schweiß übers Gesicht.

„Anna, ich kann dich nicht nur rumschleppen."

Ein entsetztes Gesicht schaut mich an. Das Ablenkungsmanöver mit dem Rührlöffel gelingt. Das Staubwischen ist geschafft, das Waschbecken glänzt, noch schnell den Fußboden.

„Oh Anna, nein, nicht, lass den Eimer!"

Ein müdes Schluchzen zwingt mich zu einer Tempoverschärfung. Geschafft sitze ich am Küchentisch. Vor mir der kalte Cappuccino. Neben mir schlabbert ein gieriges Mäulchen eine Portion Apfelbrei.

„Prima, Anna."

Das Mundabwischen wird zum Drahtseilakt.

„Jetzt darfst du ins Bett." Ein müdes Gesicht schnappt nach dem Schnuller und kuschelt sich zufrieden in Knut, den Elch.

Ich schleiche mich raus, schnappe mir den Politikteil der Zeitung und will aufs Klo. Doch ein Wimmern lässt mich ins Schlafzimmer abbiegen. Eine auf dem Bauch liegende Tochter schaut zwischen den Gitterstäben hindurch und signalisiert mir: Hab schon ausgeschlafen.

Ich lasse mich nicht reinlegen. Unter Geschrei parke ich das strampelnde Etwas wieder in die Schlaf-Start-Ausgangsstellung. Leise strebe ich meinem Ruheort entgegen. „Oh, die Waschschüssel muss ich noch leeren. Den Müll bringe ich auch noch schnell runter."

Ich sprinte hoch in den zweiten Stock. „Das gibt's doch nicht, wieso schläft dieses kleine Monster nicht!" Genervt trete ich ans Kinderbett. Ich beuge mich einem entwaffnenden Lächeln entgegen.

Ein beißender Geruch lässt mich stöhnen. Die Packung ist heftig. Mich würgt es. Ich hatte mir immer ein stubenreines Kind gewünscht. Um kurz vor halb elf ist endlich Ruhe. Ich wische noch schnell das Treppenhaus. Der Reis köchelt vor sich hin. Der Backfisch steht im Ofen. Noch schnell den Salat waschen. Wohnzimmer, ich komme. Ich schlage mein geistliches Tagebuch auf, will die Märzsonnenstrahlen und meinen „arbeitsfreien Morgen" genießen.

„Rabähhhhhhhhhhh", tönt es aus dem Schlafzimmer.

„Anna, Papa kooooooooooooooommt!"

Nach einer Viertelstunde „Hoppe, hoppe Reiter" laufen wir zum Briefkasten. Ein glückliches Gesicht lutscht den farbigen Katalog ab. Während ich mit links die Schaukel anschiebe, rühre ich mit rechts den Mittagsbrei.

„Komm, Anna, noch ein bisschen. Ein Löffel für Mama, einen für Opa."

„Brrrrrrrrrrrrrrrrrrrr!"

Mein T-Shirt sieht aus wie bei einem misslungenen Siebdruckversuch. Das Gesicht ist vor lauter Möhre nicht zu sehen.

„Ja, jetzt darfst du aus dem Stühlchen."

Ich decke den Tisch. Noch schnell die Salatsoße machen.

„Anna, was machst du?"

Mit Begeisterung patscht sie in einem rückwärts entsorgten Möhrenklecks. Mein frisch geputzter Fußboden. Ein Schlüssel dreht sich im Schloss. Anna reckt jauchzend die Arme nach oben.

„Na, hattet ihr einen schönen Vormittag?"

Ich zögere einen Augenblick.

„Ja, doch! Äh, bin ich heute Nachmittag im Büro?"

Hirtengedicht

Es ist ein regnerischer Dezembertag. Der Wind bläst mir von vorn ins Gesicht. Mich fröstelt. Inmitten des Einheitsgraus sticht mir ein knallbunter Schriftzug auf einem Bus ins Auge: LICHTBLICK.

„Der Heizlüfter ist defekt, da müssen wir uns heute wohl nur mit einem vergnügen", schallt es mir aus der oberen Etage des Doppeldeckerbusses entgegen. Ich erklimme die Treppe. Sieben Frauen und ein Mann begrüßen mich herzlich zur mobilen Hausaufgabenbetreuung für Grundschüler vor dem Flüchtlingswohnheim. Mathebücher, Memorys, Buchstaben-ABCs und Stifte werden auf den Tischen verteilt.

„Die Kinder kommen aus Syrien, dem Irak, Serbien, Guinea, dem Kongo", berichtet eine Mitarbeitende. „Letzte Woche sind dreizehn Kinder aufgetaucht, da waren wir hier schlicht überfordert und zu wenig", erzählt sie weiter.

Ich frage nach der Motivation für diese Gemeinschaftsaktion von Christen aus verschiedenen Gemeinden. Mein Gegenüber antwortet, ohne zu zögern: „Bei einem Besuch in dem Asylantenheim stellten wir fest, dass es hier viele Grundschüler gibt, die mit den Hausaufgaben heillos überfordert sind." Das Grundproblem: Eltern und Kindern mangelt es an Deutschkenntnissen. Und dies führt dazu, „dass die Kinder vor die Hunde gehen. Es bricht einem doch das Herz, weil diese Kinder nicht dümmer sind als Deutsche. Diesem Trauerspiel wollten wir nicht länger zusehen."

Während ich noch der leidenschaftlichen Mitarbeiterin zuhöre, wirft Claudia ein: „Leute, es ist 16.00 Uhr. Ich bete noch …" Kaum ist das Amen verklungen, nehmen acht strahlende Kinder Platz. Leonora muss Tätigkeitsworte zu Bildern finden. Sarai vervollständigt einen Lückentext. „Was ist Wasserhahn?" Muhammed, der Zweitklässler quält sich mit dem Hirtengedicht von Rudolf Alexander Schröder herum.

„Weißt du, was ein Hirte ist?"

Er schüttelt den Kopf. Nach dem Erklären fragt er ermutigt nach: „Was ist glänzend?"

Elmire, Mayar und Murat haben ihre Kleiner-als- und Größer-als-Aufgaben erledigt. Eine Endfünfzigerin spielt mit ihnen. Das Memory wird zum spaßigen Sprachtraining.

„Das ist ein Tisch!" Im Chor tönt es „Tisch."

„Wo ist das zweite Bett?"

„Bett", spricht Murat nach.

„Wisst ihr noch, wo der andere Löffel liegt?"

Am Nachbartisch schauen sechs konzentrierte Kinderaugen auf eine Zeichnung. Die Mitarbeiterin zeigt jeweils auf einen Körperteil. Die Kinder benennen Mund, Nase, Ohren, Beine, Haare …

Ich setze mich wieder zu Muhammed. Auffordernd schiebt er mir sein Textblatt zu. Ich gebe das Startkommando. Fast fehlerfrei trägt der Syrer den sperrigen Schröder vor. Ich klopfe ihm anerkennend auf die Schulter. Stolz strahlt er mich an. Neven hält mir seinen Weihnachtswunschzettel vor die Nase: „ich wenschen mr Kleba, ein eifonſ und ein cherre."

Der Regen trommelt gegen die Scheiben. Er schafft es an diesem Nachmittag nicht, die fröhliche, aufgeweckte Stimmung zu vertreiben. Nachdenklich verabschiede ich mich. Ein Satz aus dem Gespräch mit den engagierten Mitarbeitern nistet sich in meinem Kopf ein: „Wenn wir heute nicht in die Bildung dieser jungen Generation investieren, haben wir morgen große Probleme, brauchen wir Polizisten, Staatsanwälte und Gefängniswärter. Die Salafisten von heute sind die vergessenen Hausaufgabenkinder von gestern."

Mit kalten Füßen steige ich ins Auto. Doch

in mir glimmt Hoffnung, weil ein kleines Häuf-
chen Verwegener hier beginnt, den Himmel auf
Erden zu gestalten. Ein echter Lichtblick in der
Novemberdepression.

Himmelwärts

Joshua und ich sind auf dem Weg zum Eltern-Kind-Turnen. Mitten im fröhlichen Laufen hält der vierjährige Kerl an meiner Hand plötzlich an und holt tief Luft: „Gell, Papa, du weinst nie."

Puh! Während ich noch passende Worte zusammenpuzzle, schiebt er nach: „Wenn ich mal groß bin, weine ich auch nicht mehr."

Ich erkläre ihm, dass auch Männer weinen dürfen, dass Tränen durchaus etwas Befreiendes haben können und auch das Erwachsenenleben noch mit echten Heulmomenten aufwartet. Abends bei einer Tasse heißem Kakao blättere ich nachdenklich in meinen Tagebüchern …

17. November 2001: „Hey, ich werde Papa! Der Teststreifen und der ärztliche Befund bestätigen dieses Wunder. Begeistert feiern wir die anderthalb Zentimeter mit einem leckeren Frühstück …"

3. Dezember 2001: „Der Mutterpass liegt schon auf dem Schreibtisch. Ich bin gespannt auf die Herztöne. Unser Baby erscheint auf dem Monitor. Hey Kleines, kannst du mich schon sehen?"

Doch die zögernd gesprochenen Worte des Arztes: „Es tut mir so leid. Die Schwangerschaft ist nicht okay …" beenden jäh neun Wochen Himmel. Wir taumeln aus der Praxis. Bis zum Fahrradständer bewahre ich Haltung. Mit dem Klicken des Fahrradschlosses lösen sich die Tränen. Der erste knuddelige Teddy, die bereits mit Eifer kreierte Geburtsanzeige, der Traum vom Inlinerfahren mit Sportbuggy – all das verliert sich in einem Schluchzen. Gott, warum konnte ich diesem ‚kleinen Wurm' nicht Papa werden?"

30. Juli 2002: „Ich liege wach im Bett. Die Ferienwohnung muss warten. Auch unser zweites Kind wurde an diesem Tag direkt in den Himmel geboren. Der Damm der Abgeklärtheit, des Kämpfens, des Stark-sein-Wollens bricht. Erst leise, dann immer lauter schluchze ich. Heulend notiere ich:

himmelwärts
wir hätten DICH gerne …
staunend in unsere vater- und mutterarme
geschlossen
getröstet in schlaflosen nächten und zahn-
geburts-schmerzen
unterstützt bei den ersten wackeligen geh-
versuchen

80

getragen, wenn die füße müde werden,
geschoben durch gottes geniale schöpfung
wir hätten DIR gerne …
erklärt, wie der honig ins glas kommt,
gezeigt, wie man einen fahrradschlauch
flickt,
beigebracht, wie man auf skatern steht,
erzählt, wie die drei schweine den wolf
besiegen,
vorgelebt, wie ein leben mit rückgrat aus-
sehen kann
wir hätten gerne …
abgeben mussten wir DICH
unser ungeborenes kind
GOTT und wir weinen
aufgehoben wissen wir DICH
himmelwärts

26. Februar 2003: „Lieber ungeborener Knuddel, draußen scheint die Wintersonne und hier auf dem alten fleckigen Teppichboden sitzt dein heulender Papa. Dicke Tropfen feuchten das Papier meines Tagebuches. Auch du, unser drittes Kind, wirst mich auf dieser Erde nie anstrahlen. Ob du wohl ein Mädchen oder Junge bist? Welche Farbe haben deine Augen? Wie wohl deine Stimme klingt? Wieder bleiben mir

nur die Tränen und das ruhelose Sitzen im sterilen Wartezimmer des OP-Zentrums."

„Gell Papa, du weinst nie!"

„Doch", will ich ihm vorleben.

„Doch", will ich ihm erzählen. Von den Tränen um seine fünf Geschwister.

„Doch", will ich ihm ein verletzliches, weiches und mitfühlendes Mannsein vor Augen malen.

„Doch", will ich ihn ermutigen, Tränen fließen zu lassen über die schmerzhaften Einbrüche des Lebens und die Nöte dieser Welt. Denn noch warten auch wir Männer darauf, dass wahr wird: „Gott wird abwischen alle Tränen von den Augen und der Tod wird nicht mehr sein" (Offenbarung 21,4).

„Ist eure Mama krank?"

Noch fünf Stufen, dann habe ich das Treppenhaus fertig. Noch einmal wringe ich den Lappen aus. Da öffnet sich die Tür der Wohnung unter uns. Das vierjährige Mädchen steckt neugierig den Kopf heraus.

Ich strahle sie an und sage: „Hallo."

Sie schaut mich verwundert an und fragt: „Ist eure Mama krank?"

Ja, ich putze, nicht gerne, aber doch fast jede Woche. Seit bald fünfundzwanzig Jahren bin ich der Überzeugung: Geteiltes Putzen stärkt die ganze Beziehung. Ich will mich nicht wegducken oder raushalten. Wer Dreck verursacht, sollte auch Dreck beseitigen. Das verstehen sogar unsere Kinder. Wenn die dreijährige Anna ihren Papa bei der „Schwerstarbeit" schwitzen sah, rief sie (damals noch) begeistert: „Will auch helfen!" Dann wurde der Staublappen ins Schmutzwasser getaucht, der noch zu lange Schrubber durch die Wohnung gezerrt, die Klobürste (hoffentlich nicht) versenkt und stolz die gefundene Staubflocke präsentiert.

Für unsere Kinder ist das partnerschaftliche Putzen Normalität. So sehr, dass unser vierjähriger Sohn an einem Freitag im Urlaub ganz irritiert feststellt: „Putzen wir heute nicht?"

Ich bin nicht verliebt ins Putzen. Aber ich habe mich dabei verliebt. Während meines Zivildienstes galt es, Räume und Betten für sechzig jugendliche Übernachtungsgäste herzurichten. Die Leiterin bat mich, einer jungen Frau dabei zur Hand zu gehen.

Ich sauge und wische mit heißem Herzen. Nach der getanen Arbeit sitzen wir schweigend auf der Heizung. Hände greifen zaghaft ineinander. Zwischen Staubsaugern, alten Matratzen und Fensterputzmitteln gestehen wir uns unsere Verliebtheit. Ein knappes Jahr später sind wir ein Putzteam.

Freitag, 17.58 Uhr. Ich genieße es, auf Zehenspitzen über das frisch gewachste Parkett zu schleichen. Ich freue mich, wenn ich mein Gesicht im blitzblanken Wasserhahn sehe. Ich entspanne in einem spinnenwebenfreien Wohnzimmer beim Zerlesen des Sportteils. Ich atme tief durch, weil ein putzfreies Wochenende vor mir liegt.

Ich kenne aber auch die schmerzhaften Momente (vieler Frauen), wenn mich die ausgeleerten Sandschuhe im Flur, das umgestoßene Saftglas oder die Stempelfarbenspuren meines

Sohnes am Sinn meines Tuns (ver)zweifeln lassen und mir deutlich machen: Nichts ist unendlich. Nach dem Putzen ist vor dem Putzen.

Als Teenager amüsierten wir uns über diesen Witz: „Warum haben Frauen längere Finger als Männer? Damit sie beim Putzen besser in die Ecken kommen!" Bei uns habe ich die längeren Finger. Amüsant finde ich das Saubermachen auch nicht, aber indem ich meinen Teil anpacke, erlebe ich auch heilige Momente voller Glück, in denen Zeit ist für ein Glas Rotwein, einen gemütlichen Schwatz in der untergehenden Sonne oder die schönste Hauptsache der Welt.

Braucht es noch Überzeugungsarbeit? Der Statistik nach schon. Männer akzeptieren inzwischen, dass die Hausarbeit nicht allein den Frauen aufgehalst werden sollte. Allerdings bleibt ihr konkretes Engagement hinter der statistisch erfassten Meinung zurück. Der Soziologe Michael Matzner (1998) spricht konsterniert von „verbaler Aufgeschlossenheit bei weitgehender Verhaltensstarre".

Freitags beweise ich ihm und der heranwachsenden Frau im Treppenhaus das Gegenteil.

Geheimnis des Schenkens

Der ICE nimmt an Fahrt auf. Pünktlich, was für ein Wunder. Sogar mein Platz ist frei. In vier Stunden bin ich zu Hause. Genießerisch beiße ich in ein Salamibaguette. Ich blättere in der ausgelesenen Zeitung. Auf der Rückseite entdecke ich ein Zitat von Selma Lagerlöf: „Schenken heißt, einem anderen etwas geben, was man am liebsten selbst behalten möchte."

Februar 1981. Mein Bruder und ich kommen aus der Schule. Überrascht stellen wir Schlüsselkinder fest: Mutti ist schon da. Ihre geröteten Augenränder verraten uns: Sie hat geweint. In der Küche weiht sie uns ein: Die Polizei und Staatssicherheit waren im Handwerksbetrieb meines Großvaters aufgetaucht. Direkt von der Werkbank weg wurde mein Vater verhaftet. Sein Vergehen: Er hatte sich geweigert, der schikanösen Einberufung zum Dienst mit der Waffe als Reservist in der DDR nachzukommen. In der Folge dieser Verhaftung verlor meine Mutter ihren Beruf als Erzieherin, da „sie nicht mehr fähig sei, Kinder im sozialistischen Sinne zu erziehen". Da standen wir plötzlich zu viert vaterlos, arbeitslos und einkommenslos da.

Und mitten in dieser Not trafen sie ein: zahlreiche Pakete aus dem Westen. Menschen, mit denen wir nicht verwandt waren, die wir nicht kannten, beschenkten uns mit himmlisch duftenden Gaben und signalisierten uns damit: Ihr seid nicht vergessen. Eure Not ist unsere Not. Wir sind reich beschenkt, deshalb geben wir ab an die, die in Not geraten sind.

Mai 1991. Ich leiste meinen Zivildienst in der Heilsarmee. Das Taschengeld im ersten Jahr ist nicht üppig. Meine 100,- DM Vergütung habe ich an diesem Morgen auf dem Weg durchs Treppenhaus noch aus dem Postfach geholt. Anschließend habe ich meinen Chef zu einem Jugendtreffen kutschiert. Bei der Abschlussveranstaltung gibt es einen Spendenaufruf. Ich fühle mich aufgerufen, zur Notlinderung beizutragen. In meiner Brieftasche liegt der nagelneue glatte Hunderter. Ich ringe innerlich. Soll ich, soll ich nicht? Ja! Nein! Du bist verrückt, irrsinnig, naiv. Hey, hier sitzen doch betuchtere Leute. Lass es, du brauchst schließlich ein paar neue Turnschuhe. Die Spendendose kommt näher. Ich stecke den Schein wieder ein.

„Wer gibt, dem wird gegeben", höre ich den Prediger sagen. Inzwischen habe ich die Box in der Hand. Hopp oder top? Ich klemme sie mir zwischen die Beine, ziehe abermals die Brieftasche raus und lasse den Schein auf Wanderschaft gehen. Tschüss, ihr Turnschuhe.

Zwei Wochen später steckt im Postfach ein an mich adressierter Brief ohne Absender. Ich öffne ihn. Drinnen stecken zwei nagelneue 100-DM-Scheine. Ich bin berührt und überwältigt.

Juli 2011. Meine Frau schlägt mir vor, mein erstes Buch einer Frau zukommen zu lassen, die uns seit bald zwanzig Jahren im Gebet begleitet. Ich zögere. Mmm … wenn ich die jetzt alle verschenke … Nach dem Mittagessen packe ich ihr einen „Glücklichmacher" zusammen mit ein paar Zeilen ein.

Drei Tage später klingelt das Telefon. Am anderen Ende ist die Neunzigjährige. Überschwänglich bedankt sie sich. Sie habe das Buch bereits halb gelesen. Abends klingelt wieder das Telefon. Abermals ist Luise in der Leitung: „Jetzt habe ich das Buch durch. Ich bin so begeistert. Ich habe gleich fünf zum Verschenken in der Buchhandlung bestellt." Wow! Einmal mehr stelle ich sprachlos fest: Schenken macht glücklich und kann reiche Auswirkungen nach sich ziehen.

Einkaufsbummel mit Mitgefühl

Kaufhäuser sehe ich am liebsten von außen. Doch manchmal komme auch ich nicht darum herum, zum Beispiel Geschenke zu besorgen.

Wieder einmal hatte ich diese Männerleidensprüfung gemeistert. Ganz beglückt zuckelte ich mit meiner Beute die Rolltreppe hinab. Etwa zwanzig Meter vor mir fuhr ein junger Mann ebenfalls Richtung Ausgang. Kurz vor dem Rolltreppenende tat er einen kleinen Schritt nach rechts. Er beugte sich über das Rolltreppengeländer, um den blinkenden Weihnachtsbaum im Innenhof zu betrachten. Was er nicht sah, war die Plexiglasscheibe, die sich ihm unweigerlich näherte. Mir blieb keine Zeit mehr zum Rufen. Sein Kopf prallte mit einem ordentlichen Rums gegen das Hindernis. Vom Aufprall getroffen, taumelte der junge Mann zurück und fiel.

Im Nu standen einige Leute bei ihm. Ich half dem Benommenen auf. Jemand lief nach einem Glas Wasser und ein paar Eisstückchen. Während mir das Erlebte durch Mark und Bein ging, ich den körperlichen Schmerz nachempfand, ein paar Tränen verdrückte, schauten andere

Passanten ganz ungerührt nach, ob die Scheibe einen Kratzer bekommen habe, zückte jemand sein Handy und begann Bilder zu schießen …

„Freude an der Freude und Leid am Leid des anderen, das sind die besten Führer der Menschen", sinnierte Albert Einstein. Die Fähigkeit, Emotionen anderer Menschen nachzufühlen, ist uns nach Erkenntnis der Wissenschaft in die Wiege gelegt. Ob diese Fähigkeit aber in uns reift, hängt von unserer Prägung, unseren Vorbildern und Geschichten ab.

Es passierte an einem kalten Novembertag. Ein Mann mit steifgefrorenen Händen und nassen Klamotten platzte in die Kleiderkammer. Der junge Zivildienstleistende, der sich seiner annahm, packte ihm einen Stapel frischer Klamotten in eine Tüte. Überglücklich über die neue Jacke begann der zerzauste und stinkende Stadtstreicher sich ungelenk seines alten Mantels zu entledigen. Es gelang ihm aber nicht, seine Habseligkeiten aus den Jackentaschen zu holen. Er wandte sich an jenen jungen Mann. Angewidert kam dieser zögerlich dieser Bitte nach, worauf der Penner antwortete: „Was stellen Sie sich so an!"

Das Mitgefühl war mir nicht in die Wiege gelegt. Die zwanzig Monate Zivildienst bei der Heilsarmee wurden mir zu einer Schule des Einfühlens und des Zupackens. Ich lernte, meine Ekelschranken zu überwinden, begann zu ahnen, was es bedeutet, wenn der Evangelist Markus die Einfühlsamkeit des Gottessohnes mit diesen Worten beschreibt: *„Jesus sah ihn voll Liebe an"* (10, 21).

Jesus liebt. Er fühlt sich ein, was das Zeug hält. Dieser Funke sprang über. Das tatkräftige Mitgefühl sorgte dafür, dass im kaltherzigen, menschenverachtenden Römischen Weltreich das Christentum zu blühen begann. Tertullian von Kathargo brachte es um 200 nach Christus so auf den Punkt: „Sie sorgen für den Unterhalt und das Begräbnis Armer, für Knaben und Mädchen, die kein Vermögen und keine Eltern mehr haben, und für ans Haus gefesselte Alte, ebenso für die Schiffbrüchigen und für jene, die in Bergwerken oder auf Inseln oder Gefängnissen festgesetzt sind."

1800 Jahre sind vergangen, die Schiffbrüchigen, die ans Haus Gefesselten, die Armen, die auf den Rolltreppen des Lebens Verunglückten sind geblieben. Jesus erinnert uns durch sie, nicht an den Unfällen des Lebens vorbeizurauschen und Bilder zu schießen, sondern uns ein Herz zu fassen und Mitgefühl zu leben.

Radieschenhimmel

Fünfte Klasse. Die Sommerferien sind nur noch wenige Minuten entfernt. Wir stehen schon in den Startblöcken. Wenige Sekunden vor dem Anpfiff klopft es an die Tür. Die Pionierleiterin steckt ihren Kopf in die Tür. „Die LPG Fortschritt benötigt in der nächsten Woche zur Planerfüllung noch tatkräftige Hilfe. Die Arbeit wird bezahlt und es gibt ein Mittagessen ..." Den Rest verschluckt die Klingel.

Auf dem Heimweg beraten wir uns zu acht. „Arbeiten!" „Taschengeld verdienen!" „Endlich erwachsen sein!" Groß und wichtig klopfen wir uns auf die Schultern. Statt den ersten Ferientag in den Federn zu verbummeln, radeln wir am Montag die fünfzehn Kilometer aufs Feld.

Um zwei Anhänger drängelt sich eine lärmende Schar Kinder. Um 7.30 Uhr übertönt ein Mann auf der Ladefläche mit seiner dröhnenden Stimme die aufgeregten Planerfüller. Schweigend hören wir den Arbeitsanweisungen zu.

„Gulaschsuppe in der Mittagspause. Limo so viel ihr wollt. 3 Pfennig pro geschnürtes Bün-

del Radieschen." Eine freundliche „Brigadeführerin" nimmt uns acht unter ihre Fittiche.
Sie drückt uns jedem einen Korb und eine Tüte
Gummis in den Arm. Dann stampfen wir hinter ihr her, mitten hinein in ein Radieschenfeld,
das für uns Kinder gefühlt die Ausmaße des
Himmels hatte. Radieschen, so weit das Auge
reicht.

Am Startpunkt angekommen, versammelt
die Erntearbeiterin die (noch) motivierten
Nachwuchskräfte um sich. Gekonnt zupft sie in
Nullkommanix fünfzehn rote Knollen aus der
schweren Erde und lässt dieses Bündel mit einem Gummi verschnürt in den Korb plumpsen.
Wir legen los – mit Feuereifer für unseren Geldbeutel und ein bisschen für den Sozialismus.

„Mist, wie bekommt man das Gemüse nur
aus der Erde, ohne das Grünzeug abzureißen?"

„Verzählt. Wie viele Radieschen habe ich
jetzt in der Hand?"

„Blöd, jetzt ist mir der Gummi wieder von
den Fingern gesprungen?"

„Diese Frucht hat leider keine Knolle."

Schließlich ist der erste Korb voll. Am Feld-
rand zählen Frauen die Bündel in Kisten und
notieren die produktive Leistung. Der lehmige Boden hängt wie Blei an den Sohlen. Der

gerade noch übermütig scherzende Haufen zuckt in der prallen Sonne wie ein Regenwurm und sehnt sich immer schweigsamer nach dem Schatten und der Erfrischung in der Mittagspause.

Um zwölf erklingt die Hupe. Zwischen Daumen und Zeigefingern werden erste Blasen sichtbar. Was ist nur mit dem Rücken los? 542 Bündel stehen für mich in der Liste. An einer Blechrinne waschen Fünftklässler mit verschmutzten Gesichtern lehmige Hände. Haben Gulaschsuppe und Limo schon jemals so gut geschmeckt? Nie!

Um 12.30 Uhr klopft uns die Brigadeführerin auf die Schulter. „Auf geht's, Jungs." Der Nachmittag wird länger und länger. 14.08 Uhr: 695 Bündel. 15.02 Uhr: 852 Bündel. 15.39 Uhr 923 Bündel.

Ich liege im Wettkampf der Freunde vorne. Aber 1155 Radieschen ziehen in 21 Minuten? Unmöglich? Doch. Sieben Freunde mobilisieren noch einmal alles. Am Ende arbeitet sogar die Meisterin lachend in meinen Korb. Als die Sirene um 16.00 Uhr schrillt, steigt kollektiver Jubel auf. Das 1008. Bündel liegt in meinem Behältnis. Dreißig Mark und vierundzwanzig Pfennig zahlt mir der Brigadeführer aus. Staubig, mit wunden Händen und einem tauben Rücken treten wir in die Pedale.

Den Sozialismus retten wir mit unserem Ernteeinsatz nicht, aber wir buchstabieren an diesem Tag (und dem Rest der Woche) Durchhaltevermögen, Zupacken, Teamgeist und eine bis dahin unbekannte Vorfreude auf das nächste Klingeln der Schulglocke.

Stinkt zum Himmel

Es waren sehr heiße Sommertage. In unserem Gemeindehaus roch es. Weniger fein ausgedrückt: Es stank zum Himmel. Alles Fenster-und-Türen-Aufreißen half nichts. Der Geruch von Verwesung kam aus der Hausmeisterwohnung. Doch die waren im Urlaub.

Die Familie war für einen etwas rustikaleren Umgang miteinander bekannt. Und so grübelten wir: Die werden doch kein Kind dagelassen haben? Ist die Oma beim Blumengießen vielleicht umgefallen?

Ein paar Tage später stehen in der besagten Wohnung alle Fenster stundenlang offen. Der Urlaub scheint vorbei zu sein. Eines der Kinder grüßt uns freundlich vom Balkon. Ich grüße zurück und kann mir die Nachfrage nicht verkneifen: „Kommt der Gestank aus eurer Wohnung?" „Nö!", sagt der Junge kopfschüttelnd und verschwindet.

Während wir es uns im Schatten bei einem Eis gut gehen lassen, kommt die Mutter über den Hof gelaufen. Sie hat einen knallroten Kopf. Sie entschuldigt sich für den Gestank. Ihr erster Gedanke beim Betreten des Hauses sei gewesen: Wer aus der Gemeinde ist gestorben? Was war die Ursache? Sie hatte vor dem zweiwöchigen Urlaub einen Topf mit Hühnerbeinen gekocht und diesen dann in der Hektik der Reisevorbereitung in der Speisekammer unterm Dach vergessen. Nach zwei Wochen Sommerhitze stanken die im Wasser vergessenen Keulen zum Himmel.

Neulich beim Elternabend. Es werden ehrenamtlich helfende Hände gesucht fürs Waffelbacken, das Leseland, den Bastelvormittag, die Vorbereitung des Schulfestes, den Ausflug auf die Eisbahn. Ja, es finden sich die üblichen Verdächtigen, aber die werden immer weniger, weil eine Politik und Wirtschaft, die auf Vollbeschäftigung setzen, Frauen und Männer verklickern: Nur wer einer bezahlten Arbeit nachgeht, ist etwas wert in dieser Gesellschaft. Das stinkt zum Himmel!

Die Verteilung des Vermögens zwischen den Superreichen und den Otto-Normalbürgern in unserem Land gerät aus dem Gleichgewicht. Der Forscher Markus Grabka stellte in einer Studie fest: 0,1 Prozent der reichsten Deutschen gehören 15 Prozent des Gesamtvermögens. Die reichsten zehn Prozent der deutschen Haushalte haben sogar 74 Prozent des Gesamtvermögens auf ihrem Konto. Das stinkt zum Himmel!

Gerade flimmerten die Bilder der Tagesschau an mir vorüber. Vor der italienischen Küste starben 400 Flüchtlinge. Hunderte ertrinken auf der Flucht vor Hunger, Krieg, Armut und Perspektivlosigkeit. Europa ist ein reicher Kontinent. Europa vergreist. Doch Europa schottet sich ab. Die Sache stinkt zum Himmel!

Viele Jahre setzte unser Land auf die Generationensolidarität zwischen Eltern und Kindern. Kinderziehung war zugleich Altersvorsorge. Inzwischen sind Kinder zum höchsten Risiko für Familien- und Altersarmut geworden. Der gesamte Familienlastenausgleich entspricht nur einem Bruchteil des Betrages, der den Familien durch die Vergesellschaftung der Alterssicherung entzogen wird. Die Sache stinkt zum Himmel!

Was tun? Den Kopf in den sprichwörtlichen Sand stecken? Nein! Jesus sendet uns in die schwierigen Verhältnisse dieser Welt (Johannes 17,15.18). Er lebt uns vor, sich mit Barmherzigkeit, Liebe und Engagement für die Verfolgten, Ausgegrenzten, Benachteiligten und Unterdrückten einzusetzen. Ja, vieles stinkt zum Himmel. Aber gelebte Hoffnung verändert die Welt.

Prima!

Hallo! Jetzt ist genug über mich geschrieben, jetzt rede ich. Ich bin Anna, stolze 50 Zentimeter groß und vier Wochen alt. „Primaaaaaaaaaaaaaa", sagen meine Eltern immer, wenn ich einen richtig satten Rülpser im Wohnzimmer von mir gebe. Vorgestern hatte ich gerade genüsslich meine Hundert-Milliliter-Flasche weggeputzt und es mir in der „Hasenpopostellung" (auf dem Bauch liegend und die Beine angezogen) auf Papas Bauch gemütlich gemacht. Doch von wegen Nickerchen. Im Halbschlaf wurde ich in die viel zu enge Jacke gequetscht und man stülpt mir wird ein Mützchen über. Im August ein Unding. Papa packte mich in den „Porsche" – zumindest soll er so viel wie ein Gebrauchtwagen gekostet haben.

Okay. Spritztour zum Teich, den Fußballern oder zum Kinderspielplatz. Doch von wegen: Mama hievte mich mit der Kiste in einen Hausflur, während Papa noch einparkte. In einem Zimmer gähnten wir um die Wette. Irgendwann trat eine junge Frau in Weiß ein. Ich solle mich mal nackig machen. Hä? Die Windel war doch noch trocken.

Mama zog mich aus. Es war sch… kalt. Dann kam ich auf eine Art Streckbank. Das Längenwachstum ließ meine Eltern strahlen. Auf der Waage machte ich mich ordentlich schwer. Sagenhafte 3420 Gramm. Damit hatte ich um fantastische 1000 Gramm zugelegt. Offensichtlich glücklich wickelte Mama mich in ein Handtuch ein. Wurde jetzt auch noch gebadet?

Papa packte noch eine Decke drauf. Komplett war meine Verwirrung, als ein ältlicher, hektischer Herr mit Glasbausteinen im Gesicht auftauchte. Er faselte etwas von U3, drehte, wendete mich und klopfte mir auf die Knie. Am Anfang fand ich dieses Spielchen noch lustig, aber schließlich nervte es nur noch. Als er dann auch noch über meinen Kopf hinweg meine Eltern fragte, ob denn bei mir alles funktioniere, beschloss ich zu handeln. Ich drückte ein kleines grünes Duftmärkchen ab, um gegen die Störung der Vormittagsschlafes zu protestieren.

Doch der Herr hörte nicht. Im Gegenteil: Im Nachbarraum schmierte er mir einen kalten, glibberigen Brei (Mama nannte es Ultraschall-Gel) auf den Rücken. Ich entschloss mich: Wer nicht hört, muss fühlen und riechen. Während er mich wieder rumdrehte und mir ein Gerät in die Niere drückte, setzte ich zum Gegenangriff an. Es machte laut „Plopp". Sichtlich erschrocken zog der Herr Doktor seine Hand zurück. Doch zu spät. Sie sah aus, als ob er in ein grünes Spinathäufchen gepackt hätte. Volltreffer und versenkt. Papa hielt sich prustend die Nase zu. Lachtränen kullerten ihm über die Backen.

Mama hat mich dann schnell sauber gemacht. Der Weißkittel wirkte beim Abschied leicht verschnupft. Papa meinte dann zu Mama: „Falls das mit dem Stuhlgang zu Hause mal nicht so funktioniert, müssen wir nur sagen: Anna, wir gehen zur U3." Darauf ging es dreizehn Runden durch die Nordkurve. Bei der zweistündigen Spritztour, die immer wieder von elterlichen Lachanfällen unterbrochen wurde, habe ich den Morgenstress verschlafen. Das war prima, oder wie Papa sagte: „Alles hat seine Zeit, auch das Lachen!" (Prediger 3,4)

Heldengeburt

Am 15. Januar 2009 startete Flug 1549 in New York. Wenige Sekunden nach dem Start kollidierte die Boeing in einer Höhe von tausend Metern mit einem Schwarm Wildgänse. Die Vögel zerschlugen die Turbinentriebwerke. 208 Sekunden später hatte Pilot Chesley Sullenberger alles richtig gemacht. Ihm gelingt eine spektakuläre Notwasserung mitten zwischen den Wolkenkratzern. Alle 155 Passagiere und Besatzungsmitglieder werden fast unverletzt aus dem eiskalten Wasser des Hudson River geborgen.

Einem Reporter erzählt er: „Ich wusste damals innerhalb weniger Sekunden, dass mir gerade die größte Herausforderung meines Lebens bevorstand. Und ich fühlte auch, wie mein Körper auf den Stress reagierte, ich spürte eine Nervosität aufsteigen … Ich musste mich zur Konzentration zwingen und schaffte es, die aufsteigende Panik zu überwinden. Mir war klar, dass ich mir solch normale Reaktionen nicht leisten konnte, weil sie tödlich enden könnten. Dennoch habe ich zu keinem Zeitpunkt geglaubt, dass ich sterben müsste, son-

dern schlicht auf meine Erfahrung vertraut."
(Frankfurter Rundschau vom 10.12.2009)

Unsere Welt hat sie bitter nötig, die kleinen und großen Helden und Heldinnen. Es braucht sie, die Menschen, die bewahren, befreien, beherzt eingreifen, beistehen, den Absturz verhindern, den Mächtigen die Stirn bieten. Einer der ganz großen Helden ist Mose. Im Film „Exodus: Götter und Könige" hat Hollywood ihm ein Denkmal gesetzt. Was das 130-Millionen-Dollar-Bibelabenteuer auf der Leinwand unterschlägt, ist die entscheidende Vorgeschichte.

Die Filmgeschichte blendet zwei standhafte Hebammen aus. Sie entscheiden sich im Vorspann zu Moses Leben: „Wir wollen Gott mehr gehorchen als den Menschen." Sie widersetzen sich dem Befehl des Pharaos und bringen den männlichen Nachwuchs nicht um. Über sie heißt es: „Aber aus Ehrfurcht vor Gott hielten sich die Hebammen nicht an den königlichen Befehl, sondern ließen die Jungen am Leben" (2. Mose 1,17). Gottes Rettungs- und Heldengeschichte beginnt damit, dass zwei unbedeutende Randfiguren mutig das Ruder herumreißen und gegensteuern. Abseits des Rampenlichts investieren die Hebammen Schifra und Pua in das Elend, in das Chaos, in das Leid, in das Durcheinander genau das, was ihre Namen übersetzt bedeuten: Schönheit und Glanz. Mose wird später zum gefeierten Retter, doch er wird es nur, weil zwei unscheinbare Retterinnen beherzt den eigentlich tödlichen Absturz verhindern.

Heute wie damals ist das Wehklagen (2. Mose 2,24) die eine Wirklichkeit dieser Welt. Doch damit diese nicht das letzte Wort hat, braucht es immer wieder Menschen wie die Hebammen, den Piloten des Flugs 1549, den Urwalddoktor Albert Schweizer, den ehemaligen Sklavenhändler John Newton, den Leipziger Pfarrer Christian Führer, das pakistanische Mädchen Malala Yousafzai ... und uns, die sich den Abstürzen entgegenstemmen und dieser Welt in ihrem Elend „Schönheit" und „Glanz" verleihen.

Der Stärkste

Wir haben Abendbrot gegessen. Ein joghurtverschmierter Mund grinst mich von links an. Kleine Hände ballen sich zu Fäusten und arbeiten sich an meinem Arm ab. „Bin ich der Stärkste!", posaunt mein vierjähriger Sohn selbstbewusst im Käpten-Sharky-Sound durch die Küche. Mit zusammengekniffenen Augen blickt er mich kämpferisch an. „Bin ich der Stärkste!"

Er boxt, zwickt und zerrt. Und ich? Ich stelle mich dem Duell. Ich packe die kleinen Hände, lasse sie nach einer Weile wieder los, um mir dann wieder anhören zu müssen: „Bin ich der Stärkste!" Ich hebe die fünfzehn Kilo an einem Arm über meinen Kopf, um dann von oben zu hören: „Bin ich der Stärkste!"

Ich will einen Schlusspunkt setzen, doch Joshua ist jetzt erst richtig auf Touren. Aufgeben? Niemals! Wieder packt er nach mir. Diesmal halte ich seine Hände fest und sage: „Ich lasse dich los, wenn du sagst: Papa ist der Stärkste." Joshua ringt, zieht, ruckelt. „Du brauchst nur sagen: Papa ist …" Von wegen: Sein Gesicht wird rot. Er bläst die Backen auf. Er brummt wie ein stotternder Motor. Aufgeben? Nein!

Kurz bevor die Tränen kullern, steige ich aus dem Kampf aus. Trotzig stapft er davon. Im Türrahmen der Küchentür bleibt er finster dreinblickend stehen und mosert: „Papa ist nicht stark."

Einen Abend später. Selber Ort, gleiches Spiel. Joshua bläst wieder seine Muskeln auf. „Bin ich der Stärkste!" Papa sitzt wieder im Ring. Irgendwann sind wir wieder am entscheidenden Punkt. Wieder halte ich seine Hände fest. Er bietet alle Kräfte auf, um der Umklammerung zu entkommen. Zwecklos.

Die große Schwester springt ihrem kleinen Bruder bei. „Du brauchst nur zu sagen: Papa ist der Stärkste, dann lässt er dich los", erklärt sie. Noch zwei, drei Mal zucken die Arme, aber es ist kein Entkommen. Dann schauen mich zwei große Augen an. Stille am Küchentisch. Joshua holt tief Luft und sagt: „Papa ist der Stärkste!"

Sofort lasse ich die Hände frei. Er hat es begriffen. Ich atme auf und freue mich über den gewonnenen Kampf, das zurechtgerückte Männerbild, den erzielten Lerneffekt.

Doch was ist das? Kaum sind die Hände der Umklammerung entkommen und der Satz gesprochen, halten die Kinderarme meine Männerarme fest: Vor Kraft und Selbstüberzeugung strotzend, wirft mir mein Sohn entgegen: „Ich lasse dich los, wenn du sagst: Joshua ist der Stärkste!"

Ich schaue meiner Frau in die Augen. Wir schnappen nach Luft, prusten los. Wir lachen Tränen über diesen Knilch, der hartnäckig dranbleibt, nicht aufgibt, den Spieß umdreht und mich nun furchteinflößend bedroht: „Ich lasse dich los, wenn du sagst: Joshua ist der Stärkste!"

Das Ringen meines Sohnes erinnert mich an Jakob. Er rang mit Gott (1. Mose 32,23-32). Auch in diesem Kampf war klar, wer siegen musste. Doch auch Jakob gab nicht auf. Leidenschaftlich, kämpferisch, trickreich und ehrgeizig formuliert er: „Ich lasse dich nicht, du segnest mich denn!" Mein hartnäckiger Sohn hält mir an diesem Abend eine Lebenspredigt: Tritt Gott, den Menschen und den Herausforderungen deines Alltages mutig entgegen. Gesegnet wird der, der wie Jakob ringt und kämpferisch ausruft: Ich lasse dich los, wenn du sagst: … (hier können Sie Ihren Namen einfügen) ist der Stärkste!

Nur zehn Minuten

„Unter der Spüle ist es feucht", sagt mir meine Frau, als ich die Wohnung betrete. „Dauert es mit dem Mittagessen noch zehn Minuten?", frage ich zurück. „Ja!" Bewaffnet mit Rohrzange und Taschenlampe zwänge ich mich rücklings in den Schrank unter dem Waschbecken.

Das Leck ist schnell lokalisiert, doch der Wasserschaden bleibt, die Lache wird größer. Nach dem Mittagessen schwitze ich weiter. Zwei Stunden später unterbreche ich die Zehn-Minuten-Arbeit für einen unaufschiebbaren Termin. Drei Baumarktbesuche später habe ich endlich die passende Dichtung zur neuen Wassermischbatterie gefunden. Was mit zehn Minuten begann, endete in einer vierstündigen Generalsanierung der Küchenarmaturen.

Am Freitag sollte die Lebensgemeinschaft in die Altbauwohnung einziehen. Wir vier Zivis rückten am Montag mit Tapete, Kleber, Folien und Farben an. Beim Ablösen der alten Tapeten fielen uns kiloweise Putz und ganze Ziegelsteine entgegen. Wenn die Kaffeemaschine röchelte und das Radio für gute Laune sorgte und man dann noch die Bohrmaschine in Gang setzte,

flogen in der Nachbarwohnung (!) die Siche-
rungen raus. Das im Bad ausgekippte Wasser
vom Auswaschen der Pinsel sprudelte plötzlich
munter unter dem Kühlschrank in der Küche
hervor. Beim Verlegen des Teppichs krachte es
vernehmlich, und ein Teil des Flurs war fünfzehn Zentimeter tiefer gelegt. Was als Aktion
für eine Woche gedacht war, endete in einer
achtwöchigen Grundsanierung.

So kann es einem auch im Leben gehen. Da
krempelt Mann oder Frau die Ärmel hoch und
denkt: „Bis zum Abendessen, in einer Woche,
einem Monat, in einem halben Jahr schaffe ich
das, haben wir das erledigt." Doch dann wächst
sich das Problem aus. Die Baustellen werden
immer größer statt kleiner. Die Gehwege der
Veränderung wachsen sich zu ungeahnten La-
byrinthen aus.

Auch die Bibel kennt solche Geschichten.
Mose wurde von Gott beauftragt, sein Volk
zu befreien. Doch der war alles andere als begeistert von diesem Job. Er lässt sich förmlich
breitschlagen und geht dann los mit dem Gefühl: Das schaffe ich noch vor dem Mittagessen. Doch der Pharao erweist sich als ein har-
ter Knochen. Mose ist frustriert. Doch er läuft
nicht weg, schmeißt nicht hin und frisst seinen

Frust auch nicht in sich rein. Er lädt ihn direkt bei Gott ab: „Herr, warum tust du so übel an diesem Volk? Warum hast du mich hergesandt?" (2. Mose 5,22).

Und Gott? Er hält die Frustrationspunkte der sich in die Länge ziehenden Waschbeckenreparatur, den aus dem Ruder laufenden Tapezierversuch, die Sklavenbefreiung mit Hindernissen aus. Meine Erfahrung und die Bibel lehrten mich: Der Zehn-Minuten-Problemlösungs-Weg ist mehr Illusion als Wirklichkeit. Aber gerade im Kopfschütteln, im Noch-nicht-Gelungen, in meinen Tränen und Umwegen erfahre ich Gott als den, der mich hält und aushält. Schwierigkeiten oder Widerstände sind kein Endpunkt, sondern sind Doppelpunkte des Lebens, die zum Weiterreifen einladen.

Zugucken ist zu wenig

Pablo Picasso versuchte sich zeitlebens die Fähigkeit zu erhalten, die Welt mit den Augen eines Kindes zu betrachten: unbefangen und ohne Schablonen. Er blieb immer stehen, wenn er sah, dass Kinder mit Kreide auf dem Pflaster malten. „Ich lerne oft dabei." Ich versuche, mir an Pablo Picasso ein Beispiel zu nehmen.

Am Samstag habe ich wieder gelernt. Der Frühling hatte sich angekündigt. In der Nacht zuvor werkelte ich daher mit Zange, Schraubenschlüssel und Schmierfett im Keller, um das lila Kinderfahrrad wieder flottzumachen. Zwischen Früchtetee und Nutella verkündet Anna beim Frühstück euphorisch: „Heute lernt Joshua Fahrrad fahren!" Der Vierjährige kontert selbstbewusst mit vollgestopften Schinkenbrötchenbacken: „Ich kann doch schon Fahrrad fahren."

Pädagogisch baue ich vor: „Du kannst super Laufrad fahren, aber Fahrrad fahren muss man erst lernen." Um zehn vor elf schiebe ich das kleine Gefährt aus dem Keller. Rot behelmt stapft Joshua mit nach draußen. „Eigentlich mag ich kein Lila und kein Pink." Ich verspreche ihm: „Wenn du Fahrrad fahren kannst, montiere ich dir dafür ein Blinklicht an."

Joshua strahlt, die Sonne strahlt. Auf dem Schulhof angekommen, beginne ich zu erklären: „Du musst dich auf den Sattel setzen und dann in die Pedale treten." Mein Sohn sieht mich fragend an, grinst über beide Backen und sagt: „Weiß ich."

„Na, dann setz dich mal auf den Sattel und fahr los, ich halte das Fahrrad am Sattel fest."

Ohne zu zaudern setzt sich der kleine Kerl auf das Puky-Bike. Er zuckelt und wackelt, aber er rollt. Immer wieder dreht sich Joshua um und ruft: „Papa, lass los! Papa, jetzt lass mich fahren! Papa, ich kann das allein." Noch vier Mal laufe ich mit über den Schulhof, dann gebe ich auf, dann lasse ich den Kleinen frei, weil er Fahrrad fahren kann.

Ich reibe mir die Augen: Wie ein Uhrwerk dreht unser eben noch kleines Baby strahlend und stolz eine Runde nach der anderen. Die Armbanduhr signalisiert mir: Elf Uhr fünfzehn. Keine Viertelstunde ist vergangen und schon hat er sich aus dem Kindersitz zum Selbstfahrer emanzipiert. Ich muss schlucken. Wehmütig entdecke ich: Er braucht mich nicht mehr. Hängt mich ab, geht seinen eigenen Weg, wird selber groß. Und doch lerne ich an diesem Morgen auch eine Lektion: Wer nichts wagt, gewinnt nichts. Ich will vertrauensvoll aufsteigen und losradeln wie ein Kind in den Herausforderungen, die sich vor mir auftürmen.

Joshua hält mir einen Spiegel vor: Es kommt nicht auf die Reden am Frühstückstisch an, sondern die Wahrheit zeigt sich auf dem Platz. Und die heißt für ihn und mich: Das Leben gewinnt man nicht in der Zuschauerrolle, sondern im Antreten, Losmachen und Wagen.

PS: Zwei Tage später kam Joshuas bester Freund mit seinem tollen, aber etwas großen Piratenfahrrad zu Besuch. Worauf wollten die beiden Helden ihre Runden drehen? Auf dem kleinen lila Fahrrad, dessen Farbe den Räubern in ihrer Begeisterung völlig egal war.

Wolkenschieber

„Honig im Kopf". 23. Hochzeitstag. Sollten wir nach vier Jahren Abstinenz nicht mal wieder einen gemeinsamen Kinogang wagen? Wir wollten, doch noch galt es, die leidige Kindersitterfrage zu klären. Ob es Heidi machen würde, die Mittsiebzigerin, die sich unsere Kinder angelacht hatten? Ingrid machte sich mit klopfendem Herzen auf und kam beglückt zurück mit der Antwort: „Das mache ich sehr gerne. Warum habe ich Ihnen das nicht schon viel früher angeboten?"

Der verabredete Abend kam. Anna bastelte in ihrem Zimmer. Joshua war bereits ins Bett gebracht. Normalerweise dämmert der kleine Mann sofort zwischen seinen Kuscheltieren weg. Normalerweise. Um kurz vor halb acht steht Heidi im Flur. Und daneben? Zwei strahlende und jubelnde Kinder, die mit ihrer Freude ihre „Hüterin" beglücken und ihr und uns ein Lächeln ins Gesicht zeichnen.

Joshua und Anna fordern uns mit ihrer reizoffenen und emotionalen Art sehr heraus. Sie brauchen Grenzen und wir unsere Rückzugsorte, aber sie beschenken mit ihrem Wesen diese Welt, die Menschen und unsere Straße. Oder wie Heidi sagt: „Wenn Joshua strahlend durch unsern Weg saust, vergisst man seine Traurigkeit."

Es regnet Bindfäden. Diese Stimmung herrscht auch in dem Friseurladen. Eilig bekomme ich den Kittel umgehängt. Kaum ist die Haarlänge geklärt, surrt der Rasierer. Joshua schaut interessiert aus seinem Kinderwagen zu. Die Friseuse blickt zu ihm hinüber. Und was macht der kleine Mann? Er schaut nicht weg, sondern strahlt die Frau an und zaubert ein Lächeln auf ihr Gesicht. Die herunterfallenden Haare kommentiert er: „Muss sauber mache!" Sie fragt wie ausgewechselt zurück: „Hilfst du zu Hause auch beim Putzen?" Darauf der Dreijährige: „Nein!" Pause. Laut: „Bin ich Polizei!" Als wir gehen, verlassen wir ein mit Heiterkeit infiziertes Geschäft.

Noch eine Kostprobe? Ingrid hat Geburtstag. Die Vierjährige kommt ins Bett geschlichen. Sie liegt ganz still, dann explodiert sie förmlich vor Freude. Ingrid fragt nach: Warum freust du dich so? Sie antwortet glucksend: „Ich freu DICH so auf dein Geburtstag!" Unsere Kinder haben die Gabe, den Briefträger, die Gemüsefrau, den Busfahrer, die Kollegen, die

Verkäuferin, den Bademeister, den Tankwart und uns mit Freudenanfällen zu übersprudeln. Eine Kerze anzuzünden, Schneebälle in die Pfütze zu werfen, ein Buch vorgelesen zu bekommen, die entdeckte Schnecke im Vorgarten, die alten, abgelegten Christbaumkugeln … all diese Kleinigkeiten lassen sie begeistert jubeln und zu Freudenansteckern werden. Sie sind wahrhafte Meister darin, aus einem grauen einen sonnenbeschienen Tag zu machen.

„Vor dir ist Freude die Fülle" (Psalm 16,11), stand im Losungsbuch der Herrnhuter Brüdergemeine am Tag von Annas Geburt. Ob das die Ursache ist? Wir wissen es nicht. Aber wir werden durch die kindliche Strahlkraft herausgefordert, es ihnen gleichzutun. Die Dankeskarte, die jemand uns schrieb, den unsere Kinder beglückt hatten, erinnert uns: „Du bist mein Wolkenschieber. Du machst aus Wolken – Himmelblau, aus Regen – Sonnenschein, aus Zweifel – Zuversicht. Schön, dass es dich gibt."

Sumpfüberquerung

Nach dem Frühstück ging es los. Fünfzehn Kinder mit ihren Vätern machten sich auf, um dem Schatz auf die Spur zu kommen. Um das sagenhafte Ziel zu erreichen, mussten kniffelige Aufgaben gemeinsam gelöst werden. Nachdem das Mittagessen im Team in einer Baumkrone eingenommen werden musste, wegen der vielen „Wildschweine" auf dem Waldboden, tat sich vor uns ein „Sumpf" auf. Diesen galt es trockenen Fußes zu überqueren. Engagiert begannen wir Männer zu diskutieren. Wir träumten, planten und kritzelten mit Stöcken auf den Waldboden. „So, nein so ...", hallte es durch die Stille. Wir ließen die Muskeln spielen. Jeder wollte mit der besseren Idee glänzen, um die sechs Meter „Sumpf" zu überwinden.

Während wir noch mit undurchführbaren Lösungsmöglichkeiten prahlten und uns gerade auf die Gründung einer Arbeitsgruppe verständigt hatten, hörten wir von jenseits des „Sumpfes" einen leisen Ruf: „Ich bin schon da!" Wir hatten in all unseren gewichtigen Überlegungen die Kinder vergessen. Während wir uns die Köpfe heiß redeten, war ein achtjähriger, stiller

Steppke aus dem Hintergrund auf das Seil geklettert und hatte uns vermeintlichen Schlauen den Weg über den „Sumpf" vor Augen geführt.

Wieder einmal geht mir auf: Gott beruft oft die, die unperfekt scheinen, die zu jung sind, die sich geistlich und geistig unterschätzen, die nach außen wenig Glanz ausstrahlen. Und doch scheint Gott gerade mit den Unscheinbaren, den Zögernden, den Zaudernden, den Kindlichen ... seine Rettungsgeschichte in den „Sümpfen" dieser Welt zu schreiben.

Wir schreiben das Jahr 1425. Frankreich leidet unter einer schrecklichen Hungersnot. Verwilderte Kriegshorden plündern Dörfer und Städte. Zurück bleiben rauchende Trümmerhaufen, Tote und Verletzte. Krankheiten grassieren. Die Menschen empfinden Zerrissenheit, Sinnlosigkeit und Leere. Mitten in diese Hoffnungs- und Haltlosigkeit hinein redet Gott. Er spricht zu einem dreizehnjährigen Bauernmädchen. Dieses Mädchen, das nie eine Schule besuchte, das nicht dem Schönheitsideal entsprach, das keinen Cent in der Tasche hatte, beruft Gott zur Retterin. Erschrocken wehrt die junge Frau ab: *„Ich bin ja nur ein armes Mädchen und verstehe nichts vom Reiten und Kriegführen."* Ihr geht es wie Mose, Jeremia,

Jona, Petrus … dem achtjährigen Steppke. Sie zögert. Sie zweifelt. Doch schließlich stellt sie sich diesem unglaublichen Auftrag. Sie wagt sich auf das „Seil". Sie eilt dem König von Frankreich zur Hilfe.

Karl der VII. nimmt sie zuerst nicht ernst, hält sie hin, täuscht sie. Von den englischen Besatzern wird sie als Kuhmagd, Dirne und Hexe verspottet. Allen Demütigungen zum Trotz hält sie an der Berufung, an ihrer Vision fest. Als Erste stürmt sie eine der Leitern hoch, die an den Mauern von Orléans lehnen.

Der Anblick dieser zum Kampf entschlossenen jungen Frau bleibt nicht ohne Wirkung. Die Franzosen, die durch unzählige Niederlagen schon ganz entmutigt sind, werfen sich mit neuem Mut ihren Besatzern entgegen. Und was seit fast hundert Jahren nicht mehr passiert war, geschieht in jener Nacht: Die Franzosen siegen. Sie siegen, weil eine junge Frau sich nicht ins Abseits drängen lässt, sondern wie das Kind „aufs Seil wagt" und damit den vermeintlich Schlauen vormacht: Seht her, so geht's!

Wir hatten es nach der Sumpfüberquerung begriffen. Ab da wurden die Kinder aktiv in unsere Überlegungen und Entscheidungsfindung mit einbezogen.

Erwähnte Bibelstellen

Inhaltliche Stichworte

Bereits von Rüdiger Jope erschienen:

Kleine Glücklichmacher

Geschichten zum Aufatmen

128 Seiten, gebunden
ISBN 978-3-7655-1656-6

35 kurze Geschichten zum Aufatmen werfen einen etwas anderen Blick auf die kleinen Hürden des Alltags. Mit Humor, dem Blick für die kleinen Dinge und mit Tiefsinn ermuntern sie dazu, aufmerksam durchs Leben zu gehen – und das Glück genau dort zu entdecken, wo man es am wenigsten erwartet.

**LChoice App
kostenlos laden,**
dann Code scannen
und ganz einfach
beim Buchhändler
Ihrer Wahl bestellen

BRUNNEN VERLAG GIESSEN
www.brunnen-verlag.de

Titus Müller

Vom Glück zu leben

*Das kleine Buch
für Lebenskünstler*

192 Seiten, gebunden
ISBN 978-3-7655-1309-1 (Buch)
ISBN 978-3-7655-7099-5 (E-Book)

Titus Müllers Erlebnisse und Plaudereien ver-
leiten zum Schmunzeln, weil man sich wieder-
erkennt. Sie regen zum Nachdenken an: über
sich selbst und die Menschen, über die Liebe
und den Glauben. Und er gibt Tipps, wie es im
grauen Alltag gelingt, glückliche Entdeckungen
zu machen.

**LChoice App
kostenlos laden,**
dann Code scannen
und ganz einfach
beim Buchhändler
Ihrer Wahl bestellen

BRUNNEN VERLAG GIESSEN
www.brunnen-verlag.de